中国古代开国皇帝

徐　潜　主　编

吉林文史出版社

图书在版编目（CIP）数据

中国古代开国皇帝 / 徐潜主编 . —长春：吉林文史
出版社，2013.4（2023.7 重印）
ISBN 978-7-5472-1495-4

Ⅰ.①中… Ⅱ.①徐… Ⅲ.①皇帝-生平事迹-
中国-古代-通俗读物 Ⅳ.①K827＝2

中国版本图书馆 CIP 数据核字（2013）第 065160 号

中国古代开国皇帝

ZHONGGUO GUDAI KAIGUO HUANGDI

主　　编　徐　潜
副主编　张　克　崔博华
责任编辑　张雅婷
装帧设计　映象视觉
出版发行　吉林文史出版社有限责任公司
地　　址　长春市福祉大路 5788 号
印　　刷　三河市燕春印务有限公司
版　　次　2013 年 4 月第 1 版
印　　次　2023 年 7 月第 4 次印刷
开　　本　720mm×1000mm　1/16
印　　张　12
字　　数　250 千
书　　号　ISBN 978-7-5472-1495-4
定　　价　45.00 元

序　言

　　民族的复兴离不开文化的繁荣,文化的繁荣离不开对既有文化传统的继承和普及。这套《中国文化知识文库》就是基于对中国文化传统的继承和普及而策划的。我们想通过这套图书把具有悠久历史和灿烂辉煌的中国文化展示出来,让具有初中以上文化水平的读者能够全面深入地了解中国的历史和文化,为我们今天振兴民族文化,创新当代文明树立自信心和责任感。

　　其实,中国文化与世界其他各民族的文化一样,都是一个庞大而复杂的"综合体",是一种长期积淀的文明结晶。就像手心和手背一样,我们今天想要的和不想要的都交融在一起。我们想通过这套书,把那些文化中的闪光点凸现出来,为今天的社会主义精神文明建设提供有价值的营养。做好对传统文化的扬弃是每一个发展中的民族首先要正视的一个课题,我们希望这套文库能在这方面有所作为。

　　在这套以知识点为话题的图书中,我们力争做到图文并茂,介绍全面,语言通俗,雅俗共赏。让它可读、可赏、可藏、可赠。吉林文史出版社做书的准则是"使人崇高,使人聪明",这也是我们做这套书所遵循的。做得不足之处,也请读者批评指正。

编　者

2012 年 12 月

目 录

千古一帝——秦始皇

　　秦始皇，中国历史上第一个大一统封建王朝——秦王朝的开国君主。嬴姓，名政，秦庄襄王之子，出生于赵国首都邯郸（今河北省邯郸市）。他13岁即王位，22岁亲政，除掉吕不韦、嫪毐等人，重用李斯、尉缭，先后灭韩、赵、魏、楚、燕、齐六国，公元前221年，完成了统一中国大业，建立起一个多民族统一的中央集权的强大国家——秦朝。公元前210年，秦始皇巡途中驾崩于沙丘。

1

一、人物身世

秦始皇(公元前259—公元前210年)，中国第一个封建王朝——秦王朝的始皇帝，后人称之为"千古一帝"。

秦始皇的父亲秦庄襄王，名异人，后改名子楚。异人原是秦国的公子，曾被作为人质留在赵国，在阳翟被邯郸大商人吕不韦发现。吕不韦认为立一国之王最为得利，便把自己已有身孕的小妾赵姬嫁给了子楚，同时不惜千金为子楚立为太子而积极活动，终于子楚得到了孝文王后华阳夫人的同意，被立为太子。孝文王元年（公元前250年），孝文王死，子楚继位为庄襄王，吕不韦因"拥立有功"被封为相国、文信侯，食邑河南洛阳十万户，还兼任太子嬴政的老师。

秦王嬴政元年（公元前246年），庄襄王死，13岁的嬴政继承王位，因年幼朝政由太后赵姬和相国吕不韦及嫪毐掌管。秦王嬴政九年（公元前238年）嬴政22岁时，在故都雍城举行了成人加冕仪式，正式登基，"亲理朝政"。亲政后不久就立即消灭了擅权干政的宦官嫪毐，罢黜了权相吕不韦，并任用尉缭、李斯等人。此时的秦国，自秦孝公变法以来，经历六世，至秦王嬴政时，已经发展成为七国中最强的一个国家。自公元前230年至公元前221年，秦王嬴政凭借雄厚的国力，以横扫六合、气吞八荒之势，先后灭韩、赵、魏、楚、燕、齐六国，统一天下，结束了春秋战国五百多年的分裂割据局面，建立了中国历史上第一个统一的多民族的专制主义中央集权制国家——秦朝。

统一天下后，秦王嬴政认为自己的功劳胜过之前的三皇五帝，于是将大臣议定的尊号改为"皇帝"，自称始皇帝，宣布子孙称二世、三世，以至万世，代代承袭。

称帝以后，秦始皇雷厉风行地改革旧制，在全国范围内废除分封制，代以郡县制，修筑西起临洮（今甘肃岷县）东至辽东的万里长城，并且统一了文字和度量衡。这些措施都适应了社会发展的潮流，为我国历史的前进作出了巨大的贡献。

秦始皇后期，他变得志满意骄，凶暴残忍。他无

千古一帝——秦始皇

休止地征调服役，修建豪华的阿房宫和骊山陵墓，先后进行了五次大规模的巡游，在名山胜地刻石记功，耀武扬威。同时为求长生不老之药，又派方士徐福率童男童女数千人至东海求取仙药等等，耗费了巨大的人力、物力和财力，加深了人民的苦难。公元前 210 年，秦始皇巡游返至平原津时得病，行至沙丘（今河北广宗西北），秦始皇病死。秦二世胡亥即位后不久，即爆发了由陈胜、吴广领导的农民起义。不久后，秦朝灭亡。

据《史记·吕不韦列传》记载，秦始皇的母亲原是吕不韦的姬妾，吕不韦出于政治目的将已怀有身孕的赵姬献给异人（即秦庄襄王），后来赵姬生子嬴政；又据《史记·秦始皇本纪》记载："秦始皇帝者，秦庄襄王子也。庄襄王为秦质子于赵，见吕不韦姬，悦而取之，生始皇。"作为一个并不受宠爱的质子的儿子，嬴政的少年时光是在赵国都城邯郸度过的，此时异人经吕不韦从中斡旋已然回到秦国，并认华阳夫人为母，经过多次政治斗争终于获得了华阳夫人的信任。吕不韦又花费大量精力与金钱将赵姬母子接回秦国，从此嬴政开始了他在秦王宫里的政治生涯。

对于秦始皇来说，最熟悉的女性莫过于他的母亲了。在秦始皇 3 岁的时候，父亲异人将他们母子作为人质留在了赵国。母亲赵姬曾是吕不韦的姬妾，所以"两个父亲"的传言一直伴随嬴政的成长，再加上赵国人的唾弃、鄙视，让年幼的秦始皇对母亲——这个唯一可以依靠的人充满了爱与恨的复杂感情。

秦始皇与母亲相依为命。从出生一直到 9 岁，这个阶段正好是一个孩子心理发育的重要阶段。他无法形成对远在秦国父亲形象的认同，也无法培养出对母亲形象的认同，更无法培养出对仲父——吕不韦这个也许是亲生父亲形象的认同。这些复杂的状况造成了秦始皇复杂的心理感受。他必须依靠唯一的亲人——母亲才能生存下来，但他又鄙视和讨厌自己母亲的行为，因为这些行为造成了他幼年心灵巨大的创伤。所有的这些创伤带来的不良情绪都会投射到母亲身上。

中国古代开国皇帝

二、初展雄才，独揽权柄

公元前 246 年，庄襄王去世，嬴政即位为秦王。按照秦国的制度，国君年满 22 岁要举行冠礼，然后才能处理国政。嬴政即位时由于年少，国政由相国吕不韦把持，并尊吕不韦为"仲父"（即次父）。吕不韦既把持朝廷，又与太后（赵姬）偷情。他见秦始皇日渐年长，怕被发现，想离开赵太后，但又怕太后怨恨，所以献假宦官嫪毐给太后，嫪毐假施腐刑，只拔掉胡子就进入宫中。秦始皇日渐长大，于是他们就骗秦始皇，说太后寝宫风水不好，应搬离这里，秦始皇信以为真。于是他们搬到离秦始皇较远的地方，结果太后在这里生下了两个私生子，而假宦官嫪毐亦以王父自居。在太后的帮助下，嫪毐被封为长信侯，领有山阳、太原等地，自收党羽。这是太后在秦王嬴政亲政前通过嫪毐而夺取权力的阴谋，以便她在秦王嬴政亲政后能够继续干预政事。同年，吕不韦把在他主持下，由宾客们"上观尚古，删拾《春秋》，集六国时事""兼儒墨""合名法"而撰成的杂家著作《吕氏春秋》一书，公布于咸阳城门之上。书中提道："天下，非一人之天下。"并指出对其书有"能增损一字者赏千金"，妄图使自己的政治主张和学说定为至尊，并在秦王嬴政亲政后，仍以"仲父"加老师的身份对其进行教导，以便实现他的意图，进而巩固自己的地位和权势。此时的嫪毐经过在雍城的长年经营，建立了自己庞大的势力，他是继吕不韦之后又一股强大的政治势力。

秦王嬴政自即位到亲政的八年时间里，一切政事都由太后赵姬、吕不韦和嫪毐决断。吕不韦、嫪毐两人不仅为相封侯，而且先后与太后赵姬私通，结成了一个腐朽堕落的政治集团，左右着朝政。当时宦官中流传着"与嫪反乎？与吕反乎？"的言论，严重地危害了秦政权的巩固和发展，更不利于秦王嬴政统一天下大志的实现。在这种情况下成长起来的秦王嬴政，由于不甘心做傀儡而养成了刚毅、独断的性格。秦王九年（公元前238 年），22 岁的秦王嬴政在雍都蕲年宫举行加冠、佩剑典礼，标志着国君亲理政事管理国家的开始。四月，正当秦王嬴政要举行典礼之际，嫪毐盗用秦王御玺及太后玺征发县卒、卫卒、官骑等军队发动武装政变，向秦王居住的蕲年宫进攻。秦王嬴政得到消息后，果断决定派相国昌太君、昌文君率兵镇压，双方军队战于咸阳，嫪毐兵败后落荒而逃，没过多久便被逮捕。参加叛乱的卫尉竭、内史肆、佐弋竭、中大夫令齐等二十余人被杀。秦王嬴政将嫪毐五马分尸，曝尸示众；其舍人被发配到属地四千家。同时又把母亲赵姬关进雍都的咸阳宫，杀掉了她与嫪毐私通所生的两个儿子。第二年，秦王嬴政为消灭政敌，以嫪毐事牵连吕不韦为由，下令免除吕不韦的相职，并指责他无功、无亲于秦，最后吕不韦畏罪自杀。秦王嬴政执政后，在两年之中就解决了嫪毐、吕不韦集团，将政权集中在自己之手，初展了他的雄才大略。

千古一帝——秦始皇

9

三、重才任人，统一中国

（一）重才任人

秦王嬴政亲政后，韩、赵、魏、燕、齐、楚各国已经处于衰落地位，朝不

保夕。消灭六国、完成统一的历史任务，无疑落在了秦王嬴政的肩上。但"合纵"（指六国联合对抗秦国）与"连横"（六国从属于秦国）的策略仍然对立地存在着。韩非当时曾分析形势说："燕在北方，魏在南面，再与最南方的楚国联合，然后还要与东方的齐国建立巩固的关系，再把近秦而贫弱的韩国连在一起结成合纵，组成一个由北向南的战线去对抗强秦，是必然要失败的。"李斯

也提道："山东六国，对于秦来说，如同处于郡县地位一样。以秦之强足以灭六国，统一天下，创建帝业。"历史的重任摆在了秦王嬴政的面前，采取什么样的措施进行统一，是秦王嬴政亟待解决的问题。

在关系到历史前途重大问题的关键时刻，秦王嬴政能够发扬秦国重才任人，听取意见的优良传统。韩国曾派水工郑国入秦，以兴修水利为名，行疲秦之计，以水利工程拖住秦的人力、物力、财力，使其无暇东顾进行军事行动，该计划后被秦王发觉，加之嫪毐、吕不韦集团事件曾引起宗室大臣对旅秦客卿的不满，于是大臣们对秦王说："各诸侯国来秦的人，都是各为其主，请秦王全部驱除。"因此，秦王遂下"逐客令"。但他听了在被逐之列的李斯的一席话后，特别是看了李斯的《谏逐客书》后，改变了主张，撤销了逐客令，并恢复了李斯的官职，加以重用。对于另有目的的水工郑国，秦王嬴政也没有把他逐出，相反，

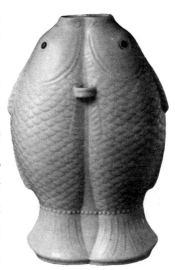

千古一帝——秦始皇

还让他继续主持修建了水利工程"郑国渠"。

在秦王撤销逐客令的同时，魏国大梁人缭来事秦，他向秦王分析了当前的形势并指出：以秦国的实力消灭东方各诸侯国是不成问题的，但是各诸侯国合纵抗秦，也会给秦国的统一六国造成很大困难。因此，他向秦王嬴政献破合纵之策：一是离间各诸侯国的君臣关系，用三十万金贿赂各国权臣，以乱其谋，为秦所用；二是进行暗杀活动，对各国不受贿赂而坚持为敌的名臣重将，则设法杀害，以削弱各国实力；三是派良将率大军压境，进而消灭各国。这一计谋得到了秦王嬴政的赏识，他任用缭为太尉统领兵权，由李斯具体执行其计划。由于六国日益衰败，使秦的计划得以施展。

在国内政治生活中，秦王嬴政也能听取有识之士的建议。如魏人姚贾入秦后，提出以金千斤破燕、赵、吴、楚四国合纵的计策；在用人上提出了要任其才能、不要求全责备的建议，都得到了秦王嬴政的赞赏。齐国人茅焦入秦后，敢于冒死直谏，指责秦王嬴政因嫪毐事件软禁太后是不对的，秦王也接纳了，并复归太后于甘泉宫。秦王政十四年，韩非到秦国后，向秦王提出了兼并六国的计策，即首灭韩、赵、魏，以远交近攻的策略破合纵，然后消灭各国统一天下。虽然韩非后来被李斯、姚贾陷害而入狱自杀，但他集法家之大成的法、术、势的思想，均为秦王嬴政所接受，并贯穿于其施政之中。

（二）　统一中国

秦王嬴政十一年(公元前 236 年)，秦王嬴政乘赵国攻打燕国之机，遣军由南北两路攻赵，攻占了赵国大片领土。秦王嬴政十三年(公元前 234 年)，桓攻打赵国平阳，杀赵将扈辄，斩首十万。秦王嬴政十七年（公元前 230 年），嬴政派内史腾率军长驱直入灭韩，俘韩王安，并将韩国设为三川郡。

秦王嬴政十八年（公元前229年），秦利用赵国发生大地震和大灾荒的机会，派王翦领兵攻赵。赵国派李牧、司马尚率兵抵御，双方相持了一年。在紧要关头，秦国使出了杀手锏——离间计。王翦用重金收买了赵王的宠臣郭开，要他散布李牧、司马尚企图谋反的流言。赵王轻信谣言，派赵括替代李牧。李牧在大敌当前的形势下拒不让出兵权，赵王竟暗地派人逮捕李牧并处死了他，同时还杀掉了司马尚。这一切，无疑为秦军亡赵扫清了道路。此后，秦军如入无人之境，攻城掠地，痛击赵军。秦王嬴政十九年（公元前228年），秦军攻破邯郸，这座名城落入秦国之手。不久，出逃的赵王迁被迫献出赵国的地图降秦，赵国灭亡了。但是公子嘉却带着一伙人逃到代郡（今河北蔚县），自立为王。秦王嬴政二十五年（公元前222年）秦军灭燕国之后将其俘虏。至此，秦统一了北方。

公元前231年，魏景湣王迫于秦国的强大威力，主动向秦进献出丽（骊）邑。此时，秦王嬴政正调集兵力准备向赵国发起总攻，不想分散兵力攻魏，就接受了献地。这使得魏国又维持了数年残局。秦王嬴政二十四年（公元前223年），就在秦军主力南下攻楚的时候，秦王政派出年轻将领王贲，率军围攻魏都大梁（今河南开封）。魏军紧闭城门，坚守不出。由于大梁城防经过多年修建，异常坚固，秦军强攻不下。王贲想出了水攻的办法。秦军大批士卒被安排去挖掘渠道，将黄河、鸿沟的水引来，灌注到大梁城。三个月后，大梁的城墙壁垒全被浸坍，魏王只得投降，魏国灭亡了。

南方大国楚国，疆域辽阔，山林茂密，物产丰富，号称拥有甲士百万。但是，楚国的内政一直不振，总有贵族争权夺利，这种状况到战国末期尤为严重。公元前228年，楚幽王死，统治集团发生内讧。幽王的同母弟犹，即位为哀王，但仅两个多月，就被异母兄负刍的门徒杀掉了。负刍成为楚王。楚王室更加分崩离析。就在楚国发生内乱的时候，秦王嬴政二十一年（公元前226年），秦王政不失时机地从北方伐燕前线抽调秦军，南下攻楚，连续夺得楚国十余个城池。秦王嬴政二十一年（公元前226年），秦国与楚国的决战就要开始了。秦王政先派年轻将领李信率二十万秦军攻楚，被楚军击败。后又派大将王翦率六十万秦军攻楚。王翦入楚境后，并未马上发动攻势。他总结了李信轻敌冒进的教训，采取屯

千古一帝——秦始皇

13

兵练武、坚壁不出、麻痹敌人、以逸待劳的战略。这样，过了一年多的时间，秦军对楚地的情况基本适应，士气高昂，体力充沛。同时，被调来抗击秦军的楚国部队，斗志渐渐松懈，加上粮草不足，准备东归。楚军一撤，王翦就抓住时机下令全军出击。秦军一举击垮了楚军的主力，并长驱直入，挺入内地，杀死楚军统帅项燕。接着，秦军攻占楚都寿春（今安徽寿县），俘虏了楚王负刍，楚国灭亡，时为秦王政二十四年（公元前223年）。

在灭赵的过程中，秦国大军已兵临燕国边境。燕国君喜惶惶不可终日，眼见秦国扫平三晋，就要向自己杀来，却无计可施。燕太子丹最终想出了孤注一掷的暗杀行动，即历史上有名的荆轲刺秦王，时值公元前227年。刺杀行动最终失败，但是秦王政差一点死于荆轲的匕首下，他深恨燕国，立即增兵大举进攻。秦王政二十一年（公元前226年），秦军攻下燕都蓟（今北京市），燕王喜与太子丹逃亡到辽东郡。秦将李信率领秦军数千人，穷追太子丹至衍水。太子丹因潜伏于水中幸免于难。后来，燕王喜经过权衡利害，派人将太子丹杀掉，将其首级献给秦国，想以此求得休战，保住燕国不亡。燕王喜逃到辽东以后，秦军主力就调往南线进攻楚国。秦王政二十五年（公元前222年），王贲奉命攻伐燕国在辽东的残余势力，俘获燕王喜，燕国彻底灭亡。

同一年，刚在南方灭楚的大军，又乘胜降服了越君，设置会稽郡。于是，长江流域全部并入秦的版图。

秦王嬴政二十六年（公元前221年），秦王嬴政命令王贲挥戈南下，攻打东方六国中的最后一个——齐国。从春秋到战国中期，齐是山东诸国中比较强大的一个。但是，公元前284年燕、赵、韩、魏、楚五国攻齐，尤其是燕将乐毅横扫齐国，令齐国差点亡国，之后，齐国一直没有再强大起来。而且，此时的齐王建是个无能之辈。母亲健在时，他依赖母亲；母亲临终前，他还死皮赖脸地要母亲写下可以辅佐他的大臣的名字。齐王建十六年（公元前249年），刚毅不屈的君王后逝世，后胜任宰相。秦国迅速展开收买内应的活动，向后胜馈赠大量的黄金、玉器。后胜得了秦国的好处，就派出大批宾客相继赴秦。秦国又对他们大肆贿赂，送给金钱、珍宝，让他们回齐国后充当内应。这批人从秦国回来后，就积极地制造亲秦的舆论。他们说齐王建应西去朝秦，以表归顺，又说秦齐是姻亲，根本不用备战抗秦，也不要帮助三晋、燕、楚攻秦。正是在这种情况下，王贲南下伐齐，几乎就没有遇到过什么抵抗。王贲率军长驱直入，来到临淄，齐王建与后胜马上向秦不战而降，齐国灭亡。

秦王嬴政在十年之中，以他的雄才大略，结束了自春秋战国以来数百年的割据局面，建立了中国历史上第一个大一统封建王朝。秦王嬴政顺应了历史发展的要求，完成了历史所赋予的统一使命，在历史发展中建立了不朽的功勋。

千古一帝——秦始皇

17

四、建立中央集权制国家

秦王嬴政吞并六国，一统天下，建立了以咸阳为首都，包括"东至海暨朝鲜，西至临洮、羌中（甘青高原），南至北向户（岭南），北据河为塞、并阴山至辽东"幅员辽阔的国家，翻开了历史新的一页。但建立一个什么样的国家，在大臣之中有着不同的意见和争论。丞相王认为应当建立分封制，廷尉李斯则反对分封诸侯，坚持建立郡县制的中央集权制国家。秦王嬴政从历史中看到分封使得政权分散，造成割据，有许多弊病。他认为立诸侯如同树兵，因此同意李斯的意见，决定在原来秦国政权基础上建立中央集权的国家。

（一）首称皇帝

秦王嬴政在他登上秦国王位的第二十六个年头，终于统一了中国。天下初定，39岁的秦王政急着想做的第一件事，就是要重新给自己确定一个称号。

春秋战国时期，各国诸侯都被称为"君"或"王"。战国后期，秦国与齐国曾一度称"帝"，不过这一称号在当时并不流行。已经一统天下的秦王嬴政，认为如今六国已灭，过去的那些称号都不足以显示自己的尊崇，因此想更易称号，以树立自己作为最高统治者的绝对权威。于是，秦王嬴政下令左右大臣们议定称号。

经过一番商议，丞相王绾、御史大夫冯劫、廷尉李斯等人认为，秦王嬴政"兴义兵，诛残贼，平定天下"，功绩"自上古以来未尝有，五帝所不及"。他们援引传统的尊称，说"古有天皇，有地皇，有泰皇，泰皇最贵"，建议秦王政采用"泰皇"头衔。然而，秦始皇对此并不满意。他认为自己是"德兼三皇，功过五帝"，其历史功德为有史以来的帝王所不及，因此作为国家元首，秦王嬴政只采用一个

"皇"字，而在其后加了一个"帝"字，创造出"皇帝"这个新头衔授予自己。从此以后，"皇帝"就成为中国封建社会最高统治者的称谓。秦王嬴政也就成了中国历史上第一个皇帝，他自称"始皇帝"。又规定：自己死后皇位传给子孙时，后继者沿称二世皇帝、三世皇帝，以至万世。秦始皇梦想皇位永远由他一家继承下去，"传之无穷"。

为了使皇帝的地位神圣化，秦始皇又采取了一系列"尊君"的措施，如取消谥法（谥法始于周初，是在君王死后依其生平事迹给予带有评价性质的称号）。秦始皇认为，像这样"子议父，臣议君"的事情，很不像话，更没有意义。于是他宣布废除谥法，不准后代臣子评价自己；天子自称为"朕"。"朕"字的意义与"我"的意思相同，以前一般人均可使用，但秦始皇限定只有皇帝才能自称为"朕"，表示独尊无二；把过去的"命"改为"制"（皇帝的制度之命为制书），把"令"改为"诏"（诏书）；文书中不准提及皇帝的名字，要避讳。文件上逢"皇帝""始皇帝"等字句时，都要另起一行顶格书写；只限皇帝使用的、以玉质雕刻的大印才能称为"玺"。以上这些规定，目的在于突出天子的特殊地位，强调皇帝与众不同，强化皇权在人们心目中的神秘感。秦始皇幻想借助这些措施，使他的皇位千秋万代地由其子孙后代传续下去。

（二）建立"三公九卿"制度

为了有效地管理国家，也为了替子孙万代奠定基业，秦始皇吸取了战国时期设置官职的具体经验，建立了一套相当完整的中央集权制度和政权机构。

秦始皇建立了健全的中央集权组织。国家的最高统治者是皇帝。皇帝之下设立"三公"（中央政权机构），即丞相、太尉、御史大夫。丞相分为左右丞相，为百官之长，协助皇帝处理全国的政务；太尉为武官之长，掌管全国的军事；御史大夫，辅佐丞相、掌图籍秘书、奏章、监察各级官员。

"三公"以下，是分掌具体政务的"九卿"，九卿包括：治粟内史，掌管谷货；郎中令，掌管宫殿掖门，负责皇帝的安全；卫尉，掌管皇帝的警卫部队；中尉，掌管首都的警卫工作；廷尉，掌管司法；少府，掌管山海池泽之税和官府手工业制造以供应皇室；将作少府，掌管皇宫的修建；典客，掌管国内民族事务和外事；奉常，掌管宗庙礼仪，其属官还有太乐、太祝、太宰、太史、太卜、太医等；宗正，掌管皇室属籍；太仆，掌管皇帝车马等。三公九卿对皇帝直接负责，皇帝对重大事务做最后的裁决。这就确立了皇帝一人大权在握，突出了中央集权制的特点。

此外，秦代还有一些比较重要的官职，比如博士，"掌通古今"，即通晓古今史实以备皇帝咨询，同时负责图书收藏；典属国与典客一样，主管少数民族事务，不同的是典客掌管与秦友好的少数民族的交往，而典属国则负责已投降秦朝的少数民族；詹事，管理皇后和太子的事务。

秦王朝建立的这一套中央集权机构的政治体制，一直为历代王朝所仿效。其中汉代的"三公九卿"制，基本上是照搬秦制。

（三）设立郡县制

秦始皇统一六国后，采纳李斯的建议，废除分封制，改行郡县制。地方行政机构分郡、县两级。郡县主要官吏由中央任免。郡设郡守、郡尉、郡监（监御史）。郡守为一郡的最高长官，总管一郡的政务。郡尉辅佐郡守，掌管一郡的军队。郡监负责督察一郡的官吏和百姓。秦始皇把全国分成三十六郡，后来随着疆域的不断扩大和开发以及郡制的调整，又陆续增设至四十一郡。他们是秦地：巴郡、蜀郡、陇西郡、北地郡；赵地：太原郡、云中郡、邯郸郡、巨鹿郡、雁门郡、代郡、常山郡；魏地：上郡、河东郡、东郡、砀郡、河内郡；韩地：三川郡、上党郡、颍川郡；楚地：汉中郡、南郡、黔中郡、南阳郡、陈郡、薛郡、泗水郡、九江郡、会稽郡、长沙郡、衡山郡；齐地：东海郡、齐郡、琅玡郡、胶东郡、济北郡；燕地：广阳郡、上谷郡、渔县郡、右北平郡、辽西郡、辽东郡；南越故地：闽中郡、南海郡、桂林

郡、象郡；匈奴故地：九原郡。

县，按照万户以上者设令，万户以下者设长。县令、县长领有县丞、县尉及其他属员。县令、县长是一县的最高长官，主要掌管政务，县尉掌管军事，县丞掌管司法。

县以下有乡，其主要职能是摊派徭役、征收田赋、查证本乡被告案情、参与对国家仓库粮食的保管工作。乡设三老掌教化，啬夫掌诉讼和赋税，游徼掌治安。

乡下有里，是最基层的行政单位。里有里典，后代称里正、里魁，以"豪帅"即强有力者为之。里中设置严密的什伍户籍组织，以便支派差役，收纳赋税。并规定互相监督告奸，一人犯罪，邻里连坐。此外还有司治安、禁盗贼的专门机构，叫做亭，亭有长。亭除了管理治安，还负责接待往来的官吏，掌管为政府输送、采购、传递（文书）等事。两亭之间，相距大约十里。

由中央到郡县的政权机构中的官吏，均由皇帝一人任免，实行俸禄制。通过这套官僚机构，皇帝的权威可以直达地方，从上到下对全国进行管理。

（四）加强军队建设

军队是国家政权的重要组成部分。秦制规定男丁 22 岁（实际 15 岁）以上都要服兵役两年。分为正卒，守卫京师一年；戍卒，戍守边疆一年；更卒，在本郡、本县内服役一个月。驻守各郡的正规军叫材官，分为步兵和水兵（楼船）两种。军队的调动以虎符为凭据，军权掌握在皇帝手中。

（五）制定法律

为了维护地主阶级的特权，秦始皇制订了一系列的法律和刑罚。其律目有三十余种，如《田律》、《关市律》、《军爵律》、《置吏律》、《司空律》、《工律》、《挟书律》、《盗》、《贼》、《连坐法》等包括了政治、经济、军事和文化等各个方面的各种法律，用以维护封建等级制度和封建秩序。在刑罚方面，

中国古代开国皇帝

以重刑为主，其刑目也有数十种，如宫刑、弃市、腰斩等刑罚。而且常常是轻罪重判，加强对人民的监视和镇压。

（六）用"五德终始说"确立秦的正统地位和神化皇权

"五德终始说"是战国末年阴阳五行家邹衍用金、木、水、火、土解释历史变化的一种学说，规定每个朝代占有一德，而五德相克，往复循环。认为尧舜得土德，夏为木德，商为金德，周为火德，而秦为水德，并找出天降瑞于秦的原因，那就是据说秦孝公出猎时曾捕获一条黑龙，故称秦为水德。秦代周是水克火，因此秦始皇所建立的政权是符合天意的正统。以此向臣民灌输皇权神授的神秘观念，这种观念也正是专制主义中央集权的思想基础。

由于水色黑，因此规定礼服、旗的颜色用黑色；按照五行水主北方，北为阴、寒，因此制定严刑峻法，以体现水德的特征。同时，由于与水德相应的数为六，因此规定符的长度、法冠的高度为六寸，"车同轨"车舆为六尺，一乘为六马等等。并把"河"命名为"德水"，改历法以建亥之月为正月（即夏历十月。夏朝以建寅之月为岁首，商朝以建丑之月为岁首，周朝以建子之月为岁首）。

秦始皇用"五德终始说"来确立自己的统治地位。为了进一步神化其政权，秦始皇还登泰山举行封禅大典，用以说明秦朝的建立是得到了天神地后的帮助和承认。在泰山上设坛祭天，以报天助之功叫做"封"；在泰山下小丘梁父进行祭祀以示报地之功，叫做"禅"，以此表明秦的政权是神圣不可侵犯的。

五、巩固中央集权

秦始皇所建立的中央集权制，是在消除了几百年来的分封制和封建割据的基础上建立起来的。面对这一新型的政权，那些被消灭的六国贵族以及因循守旧的儒生对它怀有敌意和不满。因此对于旧的传统势力还需要进一步扫除。

（一）扫除割据的残余势力

公元前 221 年，秦王嬴政灭六国后，将各地的原六国贵族和天下富豪十二万户迁到咸阳，使他们离开原先居住的地区，以消除其政治影响和削弱他们的经济实力，使其丧失复辟反抗的条件和能力，而且将其置于中央集权的直接控制之下，以便监督。

战国时期，为了割据和兼并战争的需要，各诸侯国都修建了坚固的城郭、沿河堤防以及长城作为防御工事。为了巩固中央集权，秦始皇于公元前 215 年下令拆毁各地城郭、决通川防、消除险阻，尽可能清除各地反动势力赖以进行复辟活动的手段，同时也为了方便水利和交通的建设。六国虽然被消灭了，但是在残余的贵族势力手中，还留有大量武器。在迁徙富豪的同时，秦始皇向民间收缴武器，集中于咸阳进行销毁，铸成十二个重千石的铜人，以此来消除旧贵族的叛乱和防止人民的反抗。

（二）焚书坑儒

焚书坑儒是秦始皇统一六国后为统制思想文化而采取的措施。战国时期，由于社会关系发生激烈变动，学术界呈现出学派林立、百家争鸣的局面。战国末年，诸国由分裂归于统一；与之相应的思想文化也出现了力求兼收并蓄、熔

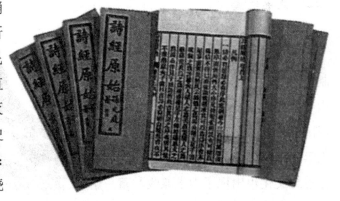

各家学说于一炉的趋势。秦始皇统一六国后，为了打击意识形态领域中的复辟势力和消除隐患，巩固封建国家的权力，强制推行思想文化的统一政策，焚书坑儒就是在这样的历史背景下发生的。

第一，焚书。中国的春秋战国时期（公元前770年—公元前221年）由于社会逐渐进入青铜时代，中国的社会生产力得到了较大的发展，一些平民百姓逐渐从体力劳动中解放出来。人们面对纷乱的社会状况，希望通过思索和钻研前人治世理念寻找到一条可以使社会安定，百姓不再流离失所的救世之路。于是产生了诸多的学派学说，并撰写出无数著作，史称"诸子百家"。

公元前221年，中国历史上第一个大一统的封建集权王朝——秦朝建立。由于当时社会思想文化领域"百家争鸣"，严重阻碍了秦始皇对已征服的原六国民众思想的统一。公元前213年在咸阳宫庆寿宴上，秦朝丞相李斯向秦始皇提出焚毁儒家经典等书籍的建议。他说愚儒"入则心非，出则巷议，夸主以为名，异取以为高，率群下以造谤"。因为在宴会上博士淳于越提出应当进行分封，建立诸侯国，如果"事不师古"是不能长久的。秦始皇听后，让群臣各抒己见。李斯则针锋相对地指出，这些博士儒生面对新政权、新制度，提出"不师今而学古"，主张分封，恢复礼治，用儒家经典为依据"以非当世"，散布不利于中央集权的言论，造成了人们思想上的混乱。于是，秦始皇为了统一原六国人民的思想，于当年开始销毁除《秦记》以外的所有六国史书和私藏于民间的《诗》、《书》，一直到公元前206年秦朝灭亡，史称"焚书"（《史记》卷六《秦始皇本纪》："臣请史官非秦记皆烧

中国古代开国皇帝

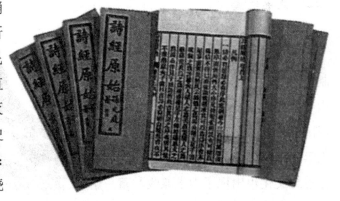

28

之。非博士官所职，天下敢有藏《诗》、《书》、百家语者，悉诣守、尉杂烧之。有敢偶语《诗》、《书》者弃市。以古非今者族。吏见知不举者与其同罪。令下三十日不烧，黥为城旦。所不去者，医药、卜筮、种树之书。若欲有学法令，以吏为师。"）。需要特别注意的是，从李斯的上书可知，当时秦帝国所有的书籍，包括明令烧毁的在内，在政府中都留有完整的备份。朱熹也云："秦焚书也只是教天下焚之，他朝廷依旧留得；如说'非秦记及博士所掌者，尽焚之'，则六经之类，他依旧留得，但天下人无有。"

隋朝牛弘提出"五厄"之说，即中国历代焚毁图书的事件，首当其冲即为秦始皇焚书，二是西汉末赤眉起义军入关，三是汉献帝移都，四是刘石乱华，五是魏师入郢。而刘大魁作《焚书辨》也毫不客气地指出："书之焚，非李斯之罪，实项羽之罪也。"据《史记·项羽本纪》记载，"项羽引兵西屠咸阳，杀秦降王子婴，烧秦宫室，火三月不灭"。秦帝国的珍贵藏书，就此付之一炬。可怜唐、虞、三代之法制，古圣先贤之微言，最终只化为一片焦土而已。

秦始皇焚书，是中国古代历史上第一次大规模地对古代文献典籍的摧残，也是中国文化史上的第一次大浩劫。

第二，坑儒。在焚书开始的第二年，即公元前212年，秦始皇在当时秦朝首都咸阳将四百六十余名术士坑杀，即为所谓的"坑儒"。

这件事是由两个术士的畏罪逃亡引起的。原来，秦始皇十分迷信方术和方术之士，以为他们可以为自己找到神仙、真人，求得长生不老之药。他甚至宣称："吾慕真人，自谓'真人'，不称'朕'。"而一些方士，如侯生、卢生之徒，也投其所好，极力诳称自己与神相通，可以得到奇药妙方。但时间一长，他们的许诺和种种奇谈总是毫无应验，骗局即将被戳穿。秦始皇为了急于得到仙药，开始了"微行"，而且其行止也不让外人知道。当他巡幸咸阳旁的宫殿区和巡幸梁山宫室时，发现有人知道他的行踪，于是他认为是侍臣等传出去的，因而将

千古一帝——秦始皇

身边的人都杀掉。而卢生则借此与方士侯生相互为谋，指责秦始皇"刚愎自用"，反对他的集权统治，"天下之事无小大皆决于上"。反对他的法治，"专任狱吏"，而"博士岁七十人"和掌"候星气者"的方士三百人均不被重用。

同时二人也知道仙药无从得到，最后必将被绳之以法。因为秦法规定："不得兼方，不验，辄死。"因此，侯生、卢生密谋逃亡，在逃亡之前，还说秦始皇刚愎自用"专任狱吏""贪于权势，未可为之求仙药"。始皇知道后大怒道："卢生等吾尊赐之甚厚，今乃诽谤我，是重吾不德也。诸生在咸阳者，吾使人廉问，或为妖言以乱黔首。"遂下令拷问咸阳四百多名术士，欲寻侯生、卢生。事后，将相关四百六十名术士全部坑杀。这一事件，后世往往和焚书并列，合称为"焚书坑儒"。但究其原委，所谓坑儒，本只是对良莠不齐的术士队伍的一次肃清而已。当然不能说被杀的四百六十余人中没有儒生，而全是方士，但是由其代表人物可以推知，被杀的主体应该是方士，而被杀的原因更与儒家的政治主张和学派观点无关。所以即使被杀者有儒生，也并非因其为儒生而得。司马迁在《史记·儒林列传》中也有明言："及至秦之季世，焚《诗》、《书》，坑术士。"

除了坑杀在咸阳的四百六十余人外。同时还谪迁了一批人至北方边地。事情发生后，始皇长子扶苏进谏道："天下初定，远方黔首未集，诸生皆诵法孔子，今上皆重法绳之，臣恐天下不安，唯上察之。"始皇不仅怒而不听，还使扶苏离开咸阳，北监蒙恬于上郡。

（三）统一各种制度

战国时期，各国的文字、货币以及计量单位都不一致。秦始皇统一中国后，为了消除由于长期封建割据所造成的差异，促进统一后的发展，于是他以秦制为标准，整齐划一地统一了全国各地区的政治、经济、文化等方面的制度。

第一，统一文字。殷商以来，文字逐渐普及。作为官方文字的金文，形制比较一致。但是到了春秋战国时期，由于诸侯割据，各国文字存在着区域差异，而这种差异也妨碍了各地经济、文化和学术的交流和发展，同时也影响了中央政府政策法令的有效推行。于是，秦统一中原后，秦始皇下令李斯等人进行文字的整理、统一工作。

李斯以战国时秦人通用的大篆为基础，吸取齐鲁等地通行的笔画简省的蝌蚪文的优点，创造出一种形体匀圆整齐、笔画简略的新文字，史称"秦篆"，又称"小篆"，作为官方规范文字，同时废除其他异体字。此外，一位叫程邈的衙吏因犯罪被关进云阳的监狱，在坐牢的十年时间里，他对当时字体演变中已出现的一种变化（后世称为"隶变"）进行了总结。此举受到秦始皇的赏识，遂将他释放，还提升为御史，命其"定书"，制定出一种新字体，这便是"隶书"。隶书打破了古体汉字的传统，奠定了楷书的基础，提高了书写效率。

秦始皇下令统一和简化文字，是对我国古代文字发展、演变做了一次总结，也是一次大的文字改革，对我国文化的发展起了重大作用。

第二，统一度量衡。战国时期由于各个诸侯割据，导致了各国的度、量、衡的大小、长短、轻重都不一样。秦始皇则于公元前221年，下令以商鞅制定的秦制为标准，"一法度量石丈尺"，公布于天下施行，统一全国的度量衡，淘汰与此不合的制度。秦廷还在原商鞅颁布的标准器上加刻诏书铭文，或另行制作相同的标准器刻上铭文，发到全国。与标准器不同的度、量、衡一律禁止使用。在田制上，秦王朝规定六尺（合今230厘米）为一步，二百四十步为一亩。这一亩制以后沿用千年而不变。战国时期，各国车辆形制不一。秦始皇统一全国后，定车宽以六尺为制，一车可通行全国。

第三，统一货币。战国时期各国的货币形制、大小轻重和计量单位都不相同。有布币、刀币和圆钱。为了有利于统一后的商品交换、经济交流和国家发展，秦始皇废除了原来六国的刀、布、贝等货币体系，以"秦半两"圆钱为法定货币，通行全国。《史记·平准书》记载："及至秦，中一国之币为二（三）等：黄金以镒（溢）名，为上币；铜钱识曰'半两'重如其文，为下币；而珠玉、龟贝、银锡之属为器饰宝藏，不为币。"中国古代货币在形式上第一次得到了统一。并建立了属于国家的专署机构，为了进一步掌握铸币权，建立国家铸造货币的体系和专署国家机构。从而使经济真正把握在国家手中。中国古代货币在形式上第一次得到了统一，从而使经济得到了进一步的发展，社会生产力也随之提高。

第四，行同伦。"行同伦"就是端正风俗，建立起统一的伦理道德和行为规范。在这方面，秦王朝也给予相当的重视。比如公元前 219 年，秦始皇来到泰山下。这里原是齐国故地，号称"礼仪之邦"。始皇就令人在泰山所刻的石上记下"男女礼顺，慎遵职事，昭隔内外，靡不清净，施于后嗣"（意谓男女之间要划清界限，以礼相待，女治内，男治外，各尽其责，从而给后代树立好的榜样），予以表彰。而公元前 210 年在会稽刻石上留的铭文，则对当地盛行的淫泆之风，大加鞭笞，以杀奸夫无罪的条文来矫正吴越地区男女之大防不严的习俗。

第五，"黔首自实田""上农除末"。公元前 216 年秦始皇下令"使黔首自实田"，即命令广大自耕农把占有土地的数字向政府呈

报，国家以法律形式承认其土地私有，把农民束缚在土地上，稳定封建秩序，并为国家征收赋税提供依据。使地主阶级的土地私有制，在全国范围内确立起来。

为了发展封建地主阶级的经济，李斯提出："今天下已定，法令出一，百姓当家则力农工。"他主张大力发展农业生产。这一建议为秦始皇所采纳，实行"上农除末（商人）"的政策，打击商人，南戍五岭有很大一部分就是"贾人"。为了发展农业，秦始皇先后把近百万人的"黔首"或"罪徒"，迁到边疆或劳动力不足的地区垦荒，进行农业生产。如公元前219年，迁徙黔首三万户于琅玡台，免除他们十二年的赋税。公元前214年，发五十万人戍五岭与越人杂处；又迁徙罪犯充实蒙恬出兵平定的西北边疆，并在匈奴故地榆中、河东及阴山等地置四十四县。公元前212年，又迁徙三万家到丽邑，五万家到云阳，免除十年徭役。公元前211年，迁到北河榆中三万家。这些移民的迁入，促进了这些地区农业经济的发展。

（四）北伐匈奴 南戍五岭

北伐匈奴修筑长城。战国时期，居住在中国北部的匈奴，已经进入了奴隶制社会。占有今内蒙古、宁夏一带的广大草原地区。当时，中原各诸侯国忙于

征战，无暇北顾，匈奴经常袭掠与其接壤的秦、赵、燕三国北部边地，并占领了秦国北部河套地区。虽然秦始皇兼并了六国，建立了中央集权的国家，但匈奴在北部的势力仍然是对秦政权的严重威胁。尤其是秦都咸阳，更是首当其冲，

千古一帝——秦始皇

故当时民间流传着"亡秦者胡也"的说法。为解除来自北方匈奴对秦的威胁，公元前215年到公元前214年，秦始皇派将军蒙恬率三十万大军北击匈奴。公元前214年春，蒙恬率主力军从上郡(郡治肤施，今陕西榆林市南)北出长城攻其东；杨翁子率偏师由肖关(今宁夏固原东南)出长城攻其西。匈奴败逃。秦遂取河南地(今内蒙古乌加河以南及伊克昭盟地)。沿河置四十四县，移民垦守。因匈奴不断来攻，次年秋，秦始皇复命蒙恬军又北渡黄河，取高阙(今内蒙古狼山中部计兰山口)，攻占阳山(今内蒙古乌加河北的狼山、阴山)、北假(今乌加河以南夹山带河地区)。匈奴不敌，向北迁徙。为巩固河南地区，秦置九原郡(郡治九原，今内蒙古包头市西北)。为防止匈奴南下，蒙恬奉命征发大量民工在燕、赵、秦长城基础上，修筑了西起临洮(今甘肃岷县)，东到辽东的"万里长城"。万里长城的修建，对于巩固和保护北方农业经济的发展，起到了重要的作用。

平"百越"、南戍五岭。分布在长江中下游和东南沿海以及西南一带的越人，当时被称为"百越"。他们大都处于氏族社会阶段。秦始皇在统一中国前后，对"百越"地区进行了征服。公元前223年，秦灭楚后，继续南进，征服了东南沿海一带的瓯越，设置了会稽郡。吞并六国后，派五十万大军，分兵五路向南岭进军，很快征服了闽越，设置闽中郡。进攻南越的秦军占领了番禺(今广州)。但进攻西瓯的秦军遭到了顽强的抵抗，又加以岭南交通不便，影响秦军的粮饷供应。为了支援军需，秦始皇下令监禄率卒开湘水、漓水间的灵渠(今广西兴安县内)，沟通长江和珠江水系的交通，方便了军运，最后终于全部平定了"百越"，统一了岭南广大地区，并设置了南海郡、桂林郡和象郡。公元前219年，秦始皇又征发中原几十万人，"戍五岭，与越杂处"，带去了中原先进的生产工具和先进的生产经验，促进了这一地区的经济、文化的发展，加速了民族间的融合。至此，云南、贵州（西南夷地区）以及两广、浙江、福建（百越地区）与中原连为一体，成为中国领土不可分割的部分，巩固和扩大了中央集权，为形成一个多民族的国家奠定了基础。

（五）修治驰道　开运河

　　秦始皇统一全国后，为了加强对全国的控制和管理，以及供他巡行全国各地，从公元前222年开始，秦始皇开始大举修筑以国都咸阳为中心，向四面八方延伸出去的交通网，类似现代的高速公路。以咸阳为中心，修筑了东到燕（今河北、北京一带）、齐（今山东半岛及沿海一带），南至吴、楚（今长江中下游一带）。驰道实行"车同轨"，均宽五十步，顺路每三丈种植松树一棵。此后，又于公元前212年，在蒙恬北伐匈奴后，修筑了自咸阳往北，经上郡到九原的"直道"，全长一千八百里。在西南地区的四川还修筑了五尺宽的"五尺道"和穿越岭南而开的"新道"。驰道的作用有很多，一说是使交通方便，以利管理六国旧地，一说主要目的为方便北方战争前线的补给，还有一说是方便始皇出巡时能畅通无阻。除秦直道和秦栈道外，大多在秦故地、六国旧道以及在秦征伐六国时修建的道路的基础上拓建而成。著名的驰道包括：上郡道、临晋道、东方道、武关道、秦栈道、西方道及秦直道。

　　秦始皇在扫灭六国后，为方便运送征讨岭南所需的军队和物资，命史禄开凿河渠（灵渠）以沟通长江水系的湘江和珠江水系的漓江。运河最终在公元前219年至公元前215年修成。灵渠是世界上最古老的运河之一，它自贯通后，二千多年来就一直是岭南与中原地区之间的水路交通要道。

千古一帝——秦始皇

雪霁

千古一帝——秦始皇

37

六、始皇暴政

（一）大兴土木　劳民伤财

　　兴修楼台殿阁。秦始皇还没有统一六国之前，就已有不少宫殿，而在统一六国期间，他更是大兴土木，每灭一国，就命人绘制其宫殿图形，然后便将该国的宫殿建筑在咸阳附近仿造一处，总面积达到了惊人的程度，整个关中地区，自渭河以北、雍门以东，直到泾河一带全部都是宫殿群。东西八百里，其中所建的离宫别馆、楼台殿阁、数不胜数。秦始皇还把原六国宫中的美女万余人以及钟鼓乐器古玩等充实其中，用来满足秦始皇骄奢淫逸的生活。

　　统一后的第二年，即公元前220年，秦始皇还兴建"信宫渭南"，在渭水南所建的"信宫"又称咸阳宫。因其位置在秦宫中居中，按天文星宿的中宫曰"天极"，因此又改称为"极庙"，通骊山，又建甘泉前殿，"修筑甬道（指两侧树高墙）"至咸阳。

　　修建阿房宫。公元前212年，秦始皇认为先王所留下的宫殿太小，同统一后的大帝国相比很不相衬，于是在渭河以南的上林苑中开始营造朝宫，即阿房宫。由于工程浩大，秦始皇在位时只建了一座前殿。据《史记·秦始皇本纪》记载："前殿阿房东西五百步，南北五十丈，上可以坐万人，下可以建五丈旗，周驰为阁道，自殿下直抵南山，表南山之巅以为阙，为复道，自阿房渡渭，属

之咸阳。"其规模之大、劳民伤财之巨，可以想象。工程还未完成秦始皇便死了，于是秦二世胡亥调修建阿房宫的工匠去修建秦始皇陵，以后继续修建阿房宫，但秦王朝很快就垮台了。

相传阿房宫规模空前，气势宏伟，"离宫别馆，弥山跨谷，辇道相属"，景色蔚为壮观，传说阿房宫有大小殿堂七百余所，一天之中，各殿的气候都不尽相同。秦始皇巡回各宫室，一天住一处，至死也未把宫室住遍。后世对阿房宫的这种辉煌的想象基本来自《阿房宫赋》，唐朝杜牧的《阿房宫赋》写道："覆压三百余里，隔离天日。骊山北构而西折，直走咸阳。二川溶溶，流入宫墙。五步一楼，十步一阁；廊腰缦回，檐牙高啄；各抱地势，钩心斗角。"阿房宫变成当时非常宏大的建筑群。可以想象，阿房宫宫殿之多、建筑面积之广、规模之宏大，反映了秦始皇的穷奢极欲。

修建骊山陵墓。自秦始皇亲政后，就开始为自己修建死后用以享受的宫殿——骊山陵墓，一直到他死后即秦二世时才完成。据《史记·秦始皇本纪》记载：征发"隐宫徒刑者七十余万人，乃分作阿房宫或作骊山"，征用了大量的劳动力。骊山陵墓高五十余丈，周围五里多长。掘地穿三泉，然后灌入铜汁加固。墓中有宫殿，设有百官席位，并藏有奇珍异宝不计其数。墓室内还以水银为百川、江河、大海，并用机械使它流动；上具天文星宿。用人鱼膏作为墓室长久照明灯具。为了防止盗墓，墓室内设有机关，如自动射杀武器弓弩等。

地表的陵园按照秦始皇死后依然享受荣华富贵的原则，仿照秦国都城咸阳的布局建造，大体呈回字形，陵墓周围筑有内外两重城垣，陵园内城垣周长三千八百七十米，外城垣周长六千二百一十米，陵区内目前探明的大型地面建筑为寝殿、便殿、园寺吏舍等遗址。据史载，秦始皇陵陵区分陵园区和从葬区两部分。陵园占地近八平方公里，建外城、内城两重，封土呈四方锥形。秦始皇陵的封土形成了三级阶梯，状呈覆斗，底部近似方型，底面积约二十五万平方米，高一百一十五米，但由于经历两千多年的风雨侵蚀和人为破坏，现存封土底面积约为十二万平方米，高为八十七米。整座陵区总面积为五十六点二五平方公里。建筑材料是从湖北、四川等地运来的。为了防止河流冲刷陵墓，秦始皇还下令将南北向的水流改成东西向。

陵园的南部有一个土冢，高四十三米。筑有内外两道夯土城墙。内城周长三千八百九十米，外城周长六千二百四十九米，分别象征皇城和宫城。在内城和外城之间，考古工作者发现了葬马坑、陶俑坑、珍禽异兽坑，以及陵外的人殉坑、马厩坑、刑徒坑和修陵人员的墓室。已发现的墓坑有四百多座。

后来，当秦始皇在沙丘死后运回咸阳下葬时，秦二世把后宫没有生育的宫女和全部修陵人员作为陪葬关入墓中。这一惨绝人寰的决定，虽然是二世所为，但也是秦始皇生前的打算。阿房宫和骊山陵墓这两项工程花费了大量的人力、物力和财力。北方的石料，南方的木材几乎被用尽，所以后来杜牧在《阿房宫赋》中说："蜀山兀，阿房出。"

（二）寻求长生 不老之药

统一中国后的秦始皇，由于大权在握，企图享尽人间的欢乐，因此到处寻求仙药以求长生。没有了灭六国时的英明，变得非常昏庸，不时大搞迷信活动。由于秦始皇怕死，因此那些鼓吹懂得占星、通鬼神、能求仙药的方士为其所重。

公元前 219 年，徐福来到秦王的宫廷，声称《山海经》里记载的蓬莱、方丈、瀛洲三座仙岛就在东方海中，他愿意为秦王去那里取来不死之药。第一次

东渡，徐福并没有带回长生之药，他告诉始皇，东方的确有神药，但是神仙要三千童男童女及各种人间礼物，同时，海上航行时有鲸、鱼拦路，他要强弓劲弩射退大鱼。秦始皇全盘答应了他的条件，助他东渡求取仙药。结果，徐福一去不返。

公元前215年秦始皇东巡到碣石，又让方士燕人卢生去寻找羡门、高誓二位仙人；又派韩终、侯公、石生等人去寻找神仙，以求长生不老之药。方士自知无从得到仙药，因此卢生等又骗秦始皇以"微行"，然后可得仙药，演出了一场场自欺欺人的闹剧，耗费了大量的人力、物力、财力，给人民带来了沉重的负担。

（三）重赋役　严刑罚

从战国后期到秦始皇统一中国，当时的中国人口约在两千万人左右。而秦始皇所征的徭役，按照修建阿房宫和骊山陵墓为七十万人，在北方修筑长城为五十万人，在岭南戍守五十万人，再加上修建驰道也不下几十万人计算，其总数可达到两百万人左右；在服兵役方面，蒙恬出击匈奴所率领的大军为三十万，征服岭南的大军为五十万人，再加上各个郡县与戍守的军队也不会少于一百万。综合徭役和兵役的人数多至三百余万人，这个数字占当时人口的百分之二十，而且服兵役和徭役的都是青壮年劳动力。因此虽然经济政策是"上农"，农业经济的发展却因为繁重的兵役和徭役而遭到破坏。在"力役三十倍于古"的情况下，生产上的劳动力严重缺乏，因此出现了"男子力耕不足粮饷，女子纺绩不足衣服"，甚至出现了"男子披甲，女子转输"的现象。

更为严重的是戍边者十之五六不能生还，服徭役的人多数死于途中或死于工程之中，造成了白骨累累的惨状，给人民带来了巨大的灾难。

秦始皇为了维持他庞大的官僚机构和军队，以及满足他的奢望，要"竭天下之资财以奉其政"，当时"田租、口赋、盐铁之利二十倍于古"，人民收入的三分之二被剥夺，以供其急政之需，使阶级矛盾更加尖锐化。

暴政统治下的人民，此起彼伏地进行着各种反抗。因此出现了当一颗陨石落到东郡时，有人在石上刻"始皇帝死而地分"的字样。秦始皇知道后，由于抓不到作案者，因而把附近居住的人全部杀光。为了反抗繁重的徭役和赋税，人民则"贺死而吊生"以示反抗，并有民谣说"渭水不清口赋起"，讽刺横征暴敛；人民还控诉了修长城所带来的灾难，流传着"生男慎勿举，生女哺用脯，不见长城下，尸骸相支柱"。人民在承担不了繁重的徭役的情况下，还直接咒骂秦始皇："阿房阿房，亡始皇。"甚至有人在华阴的平舒道拦截秦始皇的使者说："今年祖龙（指秦始皇）死。"

在阶级矛盾逐渐激化的时候，秦始皇为了确保自己的统治，对人民进行了更加残酷的镇压，把全国变成了一个大监狱。

（四）泰山封禅

公元前 219 年，秦始皇率领文武大臣及儒生博士七十人，到泰山去举行封禅大典。封禅是古代统治者祭告天地的一种仪式。所谓"封"，是指筑土坛祭天。所谓"禅"，是指祭地，即在泰山下小山的平地上祭地。由于长期不举行这种活动，大臣们都不知道仪式该怎样进行，于是秦始皇把儒生召来询问。儒生们众说纷纭。秦始皇听了觉得难以实施，便斥退儒生，按照自己的想法开辟车道，到泰山顶上立了碑，举行封礼。之后又到附近的梁父山行了禅礼。

七、秦始皇东巡与沙丘之死

秦始皇在统一后的十一年中，在全国进行了五次巡行。"亲巡天下，周览远方"，以此宣扬皇帝的威严和功业，加强对全国的控制。

公元前220年，即统一后的第二年，秦始皇开始了他的第一次巡行。由咸阳向西，经陇西地区到鸡头山（今甘肃平凉西），然后返回咸阳。这次要西巡，是因为秦起家于西方，秦穆公时称霸西戎，秦孝公时又曾移风易俗。如今天下一统，秦始皇要把"皇威"通过巡行影响到西部地区，尤其是使西部地区居住的各少数民族能够安于臣服，以此来安定秦国的后院。

公元前219年，秦始皇进行了第二次出巡，向东和东南巡行。这次出行的地区是原来六国的地域。并一直东行到齐地的邹峄山（今山东邹县南），登泰山举行"封禅"大典，并刻石碑，颂扬秦统一天下的功德。之后，从琅琊南行到彭城，听说象征权力的周鼎沉没于泗水之中，秦始皇沐浴斋戒，下令一千人下水寻找周鼎，结果一无所获。又南下渡淮水到达衡山、南郡。又浮江南行，至湘山祠，遇风浪不能渡江，以为是湘君所阻，便使刑徒三千人"伐湘山树"，演出了一场人神大战的闹剧，以显示他可以与神搏斗，用以神化自己的皇权。然后由南郡经过武关回到咸阳。

公元前218年，秦始皇进行了第三次巡行，这次他仍然向东。这说明东部地区在统一后并不稳固。当巡行到阳武博浪沙时，遭到了原韩国公子张良和力士的阻击，以铁锥误中副车，阻击未遂后逃走。秦始皇为此下令天下搜查十天。又继续东行，然后转向西北，经过赵国故地，沿漳水、过上党郡

回到咸阳。

公元前 215 年，秦始皇进行了第四次巡行。路经原韩、赵、魏、齐、燕等故地，东达碣石。一路上看到各地仍然保留着割据时期的城防和"以邻为壑"的堤防，他觉得这样不利于中央集权的巩固，因此在巡行中下令拆除。到碣石后，在刻石中特著其功："皇帝奋威，德并诸侯，初一太明，堕坏城郭，决通川防，夷去险阻。"

返回时，由碣石西向，经过右北平、渔阳、上谷、代郡、雁门、云中至上郡，一路考察了北方与匈奴接壤的边境，为北伐匈奴做了充分的准备，然后回到咸阳，随即派蒙恬率军北伐匈奴。

公元前 210 年，秦始皇进行了第五次巡行，这也是他有生以来最后一次巡行。秦始皇由丞相李斯、中车府令赵高及其少子胡亥随同巡行，方向是向东南地区。由咸阳出武关至云梦，再沿长江东下，经丹阳到钱塘，在浙江改由狭中（今浙江富阳县）渡水登会稽山，祭祀大禹并刻石。又从会稽北上，由江乘（今江苏镇江北）渡江，经海路北上琅玡，取道临淄西归。行至平原津（今山东平原县南）得了重病，因为秦始皇怕死，更忌讳说死字，因此群臣"莫敢言死事"。秦始皇病情日益加重，最后只好安排后事，令中车府令赵高给在蒙恬军中的公子扶苏写信，叫他赶回咸阳参加葬礼，信还没有交给使者送出，始皇便于七月丙寅日死于沙丘平台（今河北巨鹿东南），终年 50 岁。赵高、李斯和胡亥趁秦始皇死于外地之机，篡改了秦始皇给公子扶苏的书信，发动了沙丘政变，赵高等扶持胡亥即位为"二世"。赵高等

中国古代开国皇帝

人严守秘密，秘不发丧。将棺材放置在既密闭又通风的辒凉车中，让过去受始皇宠幸的宦官做陪乘，每走到一个地方，就献上饭食，百官像平常一样向皇上奏事。宦官就在辒凉车中降诏批签。只有胡亥、赵高和五六个受宠幸的宦官知道皇上死了。赵高过去曾教胡亥写字和狱律法令等事，胡亥私下里很喜欢他。赵高与公子胡亥、丞相李斯秘密商量拆开始皇赐给公子扶苏的信。谎称李斯在沙丘接受了始皇遗诏，立皇子胡亥为太子；又写了一封信给公子扶苏、蒙恬，列举他们的罪状，赐命他们自杀。之后继续往前走，从井陉到达九原，正赶上暑天，皇上的尸体在辒凉车中发出了臭味，就下令随从官员让他们往车里装一石有腥臭气的鲍鱼，让人们分不清是尸臭还是鱼臭。

　　一路行进，从直道回到咸阳后，发布治丧的公告。皇少子胡亥继承皇位，是为二世皇帝。同年九月，他将秦始皇安葬在骊山。

八、历史评价

秦始皇是中国历史上第一位皇帝，也是"皇帝"尊号的创立者，同时也是中国皇权制度的创立者。他也是使中国进入了多民族中央集权帝制时代的人，为其后各朝代谋求统一奠定了基础。

秦始皇13岁即位，22岁亲政，30岁到40岁扫灭六国，并发兵南征北讨，史载"百越之地，尽皆俯首""北扩千里""秦王扫六合"，按战国地图看，领土几乎比战国七雄控制的范围扩大了一倍。而且秦始皇"设置郡县"，对征服后的土地注重统治和制度建设，为中国现在的版图奠定了基础。后人认为，"功莫大过秦皇汉武"，意指秦始皇在武功方面，排在汉武帝之前，历史上无出其右者。至今，英语中对中国的称呼 China，也是从罗马语 Chin（秦）演变过来的，这从一个侧面表现了秦帝国的影响力。

秦国自商鞅变法以来重视以法治国，秦始皇继承了这个传统，十分推崇法家人物韩非，曾自叹"若与其同游，则无恨矣"，而且对将领赏功罚罪，皆依律法。秦始皇虽专制，认为"朕即天下"，但有秦一代，仍是以法治国。陈胜、吴广起义，其理由也是"秦法严苛"，其罪当死，不得不反，乃是法逼民反，而并非如后世"朱门酒肉臭，路有冻死骨"那般因严重腐败而官逼民反。

贾谊在《过秦论》中说：秦始皇继秦孝公以来六世的发展，终于以强大的实力扫灭六国，统一了天下，"振长策而御宇内，吞二周而亡诸侯，履至尊而制六合"，对他统一天下给予了高度的评价；对他残暴的一面，在《过秦论》中也予以指出"以暴虐为天下治"。但古代的评论，往往是站在不同的立场和角度上的，常常是顾此失彼，带有片面性。因此对于秦始皇的历史功过，今天我们要把他放到具体的历史时代中去给以全面的认识和评价。

秦始皇一生的主要活动，以建立中央集权制的国家为分界线分前后两大段。前段，是他亲征扫灭六国、

千古一帝——秦始皇

建立和巩固中央集权制时期，是他展开雄才大略，建立历史功业的时期，对历史做出了巨大的贡献，其业绩是不能抹杀的。虽然统一和建立中央集权制是历史发展的必然，但也要从中看到秦始皇个人的历史作用。

秦国在发展中强大，在具备了吞并六国的条件下，秦始皇一直坚持秦的既定国策，向东扩张，消灭六国，统一天下。并果断地在十年之中，一鼓作气扫平了六国。秦始皇的英明决策是同他的雄才大略分不开的。同时，他还善于用人，勇于改错。在为统一而做的准备工作中，以及在实施统一的大业中和建立中央集权制的国家中，都充分体现了秦始皇是一位明智的、能够重用人才、听取意见、改正错误的君王，在君臣同心协力之下完成了历史使命。而他所确立的中央集权制、郡县制、统一文字等等一直影响着两千余年的封建社会。这说明秦始皇能够顺应历史的发展，大胆地进行革新，排除传统的旧势力的影响，促进了封建社会的政治、经济和文化的发展。从这个角度上看，秦始皇不愧是一位雄才大略的帝王。

但在中央集权制建立后，秦始皇为了追求享乐，完全暴露了他的阶级本性。他大兴土木，横征暴敛，严刑峻法，不仅消耗了大量人力、物力和财力，而且严重地破坏了社会经济的发展，成了一个昏庸残虐的暴君。

秦始皇既是一位对历史发展做出了巨大贡献的政治家和功勋卓越的封建帝王，同时也是一位阻碍历史前进的罪人，他把秦王朝变成了中国历史上一个极为残酷黑暗的时代。因此，秦始皇是一位前功后过、功过参半的君王。

千古一帝——秦始皇

布衣天子——刘邦

　　汉高祖刘邦，沛县丰邑人。在秦末农民起义中，他登高一呼，天下英雄云集于麾下，称其为"沛公"。公元前202年刘邦称帝。登基后，刘邦采取休养生息的宽松政策，不仅安抚了人民、凝聚了华夏民族，也奠定了汉代雍容大度的文化基础。作为汉朝开国皇帝，刘邦的庙号为"太祖"，溢号为"高皇帝"。但自汉武帝时代的史学家司马迁开始，称刘邦为"高祖"，后世多沿用之，因此史称"太祖高皇帝""汉高帝"或"汉高祖"。

一、早年经历

汉高祖刘邦（公元前256—公元前195），沛县（今江苏沛县西）丰邑（今江苏丰县）人。在秦末农民战争起义中，他登高一呼，天下英雄云集于麾下，称其为"沛公"。公元前206年，刘邦所率义军率先攻入秦都咸阳，被义军盟主项羽封为汉王，封地为汉中、巴蜀（因此在战胜项羽后建国时，国号定为"汉"）。公元前202年刘邦称帝，定都洛阳，后迁都长安。登基后，刘邦采取休养生息的宽松政策，不仅安抚了人民、凝聚了中华，也奠定了汉代雍容大度的文化基础。可以说刘邦使四分五裂的中国真正地统一起来，而且还逐渐把分崩离析的民心凝聚起来。他对汉民族的形成、中国的统一强大、汉文化的保护发扬有决定性的贡献。汉高祖刘邦于公元前202年—公元前195年在位，共八年。汉高祖既非刘邦的庙号，也非谥号。作为汉朝开国皇帝，刘邦的庙号为"太祖"，谥号为"高皇帝"。但自汉武帝时代的史学家司马迁开始，称刘邦为"高祖"，后世多沿用之，因此史称"太祖高皇帝""汉高帝"或"汉高祖"。

布衣天子——刘邦

（一）不爱读书也不爱劳动

刘邦从小性格豪爽，不太喜欢读书，但对人很宽容。他也不喜欢下地劳动，所以常被父亲训斥为"无赖"，说他不如自己的哥哥会经营，但刘邦依然我行我素。刘邦长大后做了泗水的亭长(管十里以内的小官)，时间长了，和县里的官吏们混得很熟，在当地也小有名气。刘邦的心胸很宽广，在一次送服役的人去咸阳的路上，碰到秦始皇大队人马出巡。远远看去，秦始皇坐在装饰精美华丽的车上威风八面，羡慕得他脱口而出："大丈夫就应该像这样啊！"

（二）娶吕雉为妻

汉高祖刘邦小时候家里有一些地，但不富裕。儿时他不爱参加劳动，但愿意广交朋友。30岁的时候做了沛县的泗水亭长，是秦朝最基层的乡村小吏，他在此时与沛县的主吏萧何和狱掾曹参等人相识，结为好友。

单父（今山东单县）人吕公是沛县令的好朋友，他为了躲避仇人，全家搬到了沛县。沛县里与县令有关系的人，听到县令的朋友来了，都去向县令祝贺。那时候要送礼钱，由萧何主持其事。

萧何向送礼的人宣布："贺礼不满一千的，请坐在堂下。"刘邦虽然只是一个亭长，但他与县里那些官吏都比较熟悉，他没有送一个贺钱，却说大话："我送一万钱。"直接进去拜会吕公。吕公听到有人说送一万贺钱，很吃惊，赶忙起来，到门口迎接刘邦。他见刘邦高鼻龙额，气势不凡，即请他入座。

萧何对刘邦的样子看不惯，就揭他的老底说："刘邦一向好说大话，不办实事。"刘邦对此话不以为然，他仍然毫不自愧地坐了上席。吕公很赏识刘邦，他示意刘邦在酒后留下，对刘邦说："我看你以后有出息，我有一个女儿，愿意嫁给你为妻。"刘邦听了很高兴，他巴不得成这门亲事，征得父母同意之后，刘邦便和吕氏结了婚，这就是以后历史上有名的吕后。汉惠帝刘盈就是她和刘邦的儿子。

 中国古代开国皇帝

布衣天子——刘邦

二、起兵反秦

（一）斩白蛇

汉高祖刘邦在做沛县泗水亭亭长的时候，为县里押送一批农民去骊山为秦始皇修陵墓。很多人不愿意去送死，途中大部分人都逃走了。刘邦看到拦也拦不住，即使到了骊山，夫役也跑得差不多了，按照秦朝的法律他也会被杀。于是走到丰邑西时，刘邦让大家停下来休息，他饮酒大醉，到了夜里干脆把剩下的所有农民都放了。并且对他们说："你们赶快逃跑吧，我也要从这里逃跑了。"

这些农民中有十多位身强力壮的夫役愿意跟随刘邦。刘邦带醉行走在丰邑西边的大泽中，让一个农民在前面探路。这个人回来说："前面有一条大蛇挡路，我们还是回去吧。"刘邦趁着酒劲说："大丈夫独步天下有什么害怕的！"于是走到前面拔剑将蛇斩断。蛇从正中间被分为两段。

走了几里地，刘邦醉得倒下睡着了。刘邦队伍中走在后面的人来到斩蛇的地方，看见一个老太太在路边连夜放声啼哭。问她为什么这样伤心，她说："我儿子被人杀了，所以痛哭。"问她儿子为什么被杀，她说："我儿子是白帝子，变成蛇横在路上，现在被赤帝子杀了，所以我很伤心。"人们以为她胡说八道、散布谣言，想把她抓起来，但是这个老太太突然不见了。后面的人赶到前面，刘邦才醒过来，人们向他报告了这件事。刘邦心里觉得很高兴，心生自豪感，跟随他的人也越来越敬畏他。

秦始皇曾经说："东南方向有天子气。"于是亲自东游来验证，刘邦怀疑秦始皇说的是自己，就躲了起来，藏到荒凉的芒砀山的深山老林中。这里离刘邦的家乡不远，吕后和其他人一起寻找他，每次都能在人迹罕至之处找到他。刘邦觉得奇怪，就问是怎么回事。吕雉说："你所在的地方头上总有云气凝结，所以我们根据这一现象总能找到你。"刘邦听了很高兴，沛县的人知道后，许多人都来归附刘邦，参加他们的队伍。这时刘邦已经开始积极进行反秦斗争的准备工作了。

(二) 沛公起兵

秦二世元年（公元前 209 年）七月，秦末农民起义爆发，陈胜、吴广率领九百名戍卒在大泽乡（今安徽宿县西南）举起了反秦的义旗，各地受秦暴政压迫的群众，纷纷响应。

陈胜、吴广的起义军攻占了陈（现在河南淮阳）以后，陈胜建立了"张楚"政权，和秦朝公开对立。这时，反秦起义的浪潮很快就波及到了沛县。沛县的县令害怕群众起来响应陈胜的反秦起义，受到群众的打击，就想变被动为主动，自己起来组织起义军达到投机革命、保全自己的目的。他把萧何和曹参找来商量。萧何和曹参当时都是县令手下的主要官吏，他们早就对沛县县令的所作所为不满，就对县令说："你是秦朝的县令，现在恐怕沛县的群众不会信任你。"他们劝县令将本县流亡在外的人召集回来，一来可以增加力量，二来也可以杜绝后患。县令觉得有理，便同意了他们的意见，决定派人去找刘邦。派谁去呢？卖狗肉的樊哙和在外逃亡的刘邦暗中有联系，于是沛县令便让樊哙把刘邦找回来，这时候刘邦已经聚集了有几百人的起义队伍。

当樊哙领着刘邦的几百人起义队伍，斗志昂扬地返回来的时候，沛县县令一看到这个阵势却又后悔了，害怕刘邦回来不好控制，弄不好还会为刘邦所杀，等于是引狼入室。他害怕这些人进城之后对自己不利，所以他命令将城门关闭；又怕萧何和曹参与城外的刘邦里应外合来反对自己，准备捉拿萧何和曹参，然后把他们杀掉。

萧何和曹参听到这个消息后，赶忙逃到了城外，跑到了刘邦那里，商量对付县令的办法。他们认为首先要将外边反秦起义的情况告诉县城里的群众，发动群众起来反对县令。

刘邦写了一封信绑在箭上，然后将信射进城中，鼓动城中的百姓起来杀掉出尔反尔的县令，大家一起保卫家乡。百姓对平时就不太体恤他们的县令很不满，看到刘邦的信后，大家就杀了沛县县令，开城门把刘邦的起义队伍迎进城里来。大家共同推举刘邦为沛公，领导大家起事。刘邦便顺从民意，在县府的大院子里设坛祭祀天地，自称赤帝的儿子，领导民众举起了反秦大旗。

这一年已经是秦二世元年（公元前209年）的九月，此时刘邦已经48岁。当地的群众不堪秦暴政的欺压和剥削，纷纷参加起义，起义部队很快就发展到了两三千人。

刘邦在沛县将起义部队作了些组织整顿后，就开始向外发展。他首先攻占了胡陵（今山东金乡县东南）和方与（今山东金乡县北），这时秦朝泗水郡监率兵前来镇压，在丰邑被起义军击败。刘邦让自己的亲信雍齿守丰邑，自己带兵攻打薛（今山东滕县东南），又打败秦军，杀了泗水郡守。

这时陈胜派往魏地联络和发动反秦起义的周市，已经做了魏王的宰相，他置反秦大局于不顾，热衷于割地称王。他听说雍齿对刘邦不满意，就派人煽动雍齿脱离刘邦，并封他为守丰邑的侯，雍齿果然叛刘邦而降魏。刘邦对雍齿本来很信任，听到他叛变了自己，非常气愤。他带兵去攻打丰邑，没攻下，自己反而气病了。

此时反秦斗争的形势发生了很大的变化。陈胜在陈县（今河南淮阳县）建立张楚革命政权，在章邯率领的秦军主力的攻击下，受到了挫折。陈胜撤出陈县后，在下城父（今安徽涡阳）为叛徒所杀。这时候活动在东海一带的一支起义军首领秦嘉，听说陈胜牺牲了，就立景驹为楚王。

刘邦向秦嘉借兵，想把丰邑攻下解自己对雍齿之恨，但一直没有结果。此时，秦末农民战争中另外一支强大的力量，即原来楚国贵族的后代项羽和叔父项梁，他们在吴中（现在江苏的吴市）起兵，兵力很快达到了近万人。他们渡江北上后，联合陈婴、英布、蒲将军领导的几支起义军，成为抗击秦军的主力军。

刘邦听到项梁在薛（今山东滕县东南），就很快率领军队去投奔项梁。项梁拨给刘邦十个将，士兵五千，刘邦领着这支部分军队再去攻打丰邑，

雍齿逃到了魏国。由于刘邦与项梁的联合，并得到了项梁的支持，刘邦的起义军迅速发展壮大起来。

此时，章邯率领的秦军在打败陈胜领导的起义军后，便扑向项梁、刘邦领导的起义军。项梁证实了陈胜牺牲的确实消息后，就在薛召集诸将开了一个会，会上决定立楚怀王孙心为楚王，并研究了对抗秦军的战略。会后，项梁、刘邦联军冒雨攻克了亢父（今山东济宁南），又败章邯军于东阿（今山东阳谷东北）。刘邦和项羽又率领一支军队攻克了城阳（今山东菏泽东），接着又打败秦军于濮阳（今河南濮阳西南）之东。在攻打项梁、刘邦领导的起义军时，章邯的军队屡遭败绩，就借环水围绕的濮阳城，坚壁固守，不敢出战。刘邦和项羽又转攻定陶（今三洞定陶西北），在雍丘（今河南杞县）之战中，斩杀了起义军的死对头秦三川郡守李由。

由于起义军的节节胜利，项梁因此骄傲起来，对敌人失去了警惕。狡猾的章邯，就乘起义军骄傲、防备松懈之机，突然在黑夜里偷袭起义军，项梁因为没有防备，在定陶战败被杀。这时刘邦和项羽正在进攻陈留（今河南开封市），他们听到项梁战死的消息，为了保存实力，就主动作了战略退却，以彭城（今江苏徐州）为中心，互为犄角，准备迎接敌人的进攻。但是章邯在打败项梁之后，认为剩下的刘邦、项羽没有什么力量不值得再追击，就率领主力北上渡黄河，围攻赵国去了。章邯的这一错误估计，就为刘邦、项羽重振兵力，创造了条件。

（三）率军西征

章邯率领秦军主力北上围攻赵国后，减轻了对刘邦、项羽的压力。楚怀王趁机对军队进行了整顿，他封项羽为长安侯，号鲁公；封刘邦为武安侯；还任命陈胜原来的部下吕臣为司徒；其父吕青为令尹（相当于相国），并开会研究了下一步的战略部署。由于当时秦军主力集中围赵王歇于巨鹿（今河北平乡西南），情况很危急，赵王歇几次派人向楚怀王求援，于是楚怀王决定派军队去解巨鹿之围；另一方面，因为秦军主力集中围攻巨鹿，秦统治的核心地带——关中地区十分空虚，于是，决定派另一支西征军队入关。

在将领的人选上，项羽因急于要报敌人杀害项梁之仇，主动提出要求带兵西征。但楚怀王和一批老将领认为，项羽为人残暴，过去攻下襄城时，几乎把襄城的居民杀光，不得人心；而刘邦心胸比较宽大仁义，善于争取秦人的支持。所以楚怀王决定派懂兵法的宋义为北上救赵军队的上将军，项羽为次将，范增为末将；而派遣刘邦为西征将军，率军西征。

秦二世二年（公元前208年）末，刘邦率领着自己的部下和沿途收集陈胜、项梁的散卒，开始西征了。这是一支兵不过万人，人数并不多的军队，但斗志很旺盛，在成阳、杠里（今山东范县西）首战告捷，大破秦军。沿途又联合了魏将皇欣、武蒲以及刚武侯的军队，进一步壮大了自己的力量。

当刘邦的军队经过高阳（今河南杞县西）的时候，在当地为乡村小吏的郦食其求见刘邦，劝他攻取陈留（今河南开封东南）。但陈留是一个重镇，城坚粮足，难于一时攻下。郦食其就自荐说他与陈留令是朋友，愿意去劝说他投降，刘邦听了很高兴。陈留令是一个秦统治的忠实维护者，他不听郦食其的劝说。因而郦食其在夜里趁机袭杀了陈留令，借城中混乱之机，一举拿下了秦国的军事重地陈留。刘邦充分利用了陈留的物资，军队很快就扩大到几万人。

秦二世三年（公元前207年），刘邦离开陈留，继续向西推进。他采取避实击虚的灵活战术，军事进展得很顺利。他本想通过函谷关（今河南灵宝东北）进入关中，但是在洛阳东激战中失利。刘邦躲开敌人的主力，向南迂回，出辕辕关（今河南偃师县东南）转向阳城（今河南登封告城镇），准备改道从秦军防守薄弱的武关（今陕西丹凤东南）进入关中。

刘邦让韩王成留守阳翟（今河南禹县），以牵制河南的秦军，自己与张良率领主

布衣天子——刘邦

力军队进攻南阳郡。他与秦南阳郡守先战于犨县（今河南鲁山东），东南阳郡守大败后退入宛城（今河南南阳）坚守不出。刘邦如果强攻宛城，不但会损伤兵力，而且延缓了西进的时间。所以，刘邦想绕过宛城，继续向西挺进。张良认为这样的军事行动太冒险，有腹背受敌被夹攻的可能。刘邦听取了张良的意见，连夜改道又返回宛城，再次将宛城围困起来。

南阳郡守对守城失去了信心，就想自杀。这时他的门客陈恢劝他说："不要急着死，还不到死的时候。"于是陈恢越城去见刘邦，劝刘邦不要用强攻的办法，强攻对双方都不利。他建议刘邦对秦的官吏，要尽量采取劝降的策略。这样可以化阻力为助力，兵到之处不刃而降。刘邦正怕强攻宛城，拖延自己西进的战机，听了陈恢的建议。他马上封南阳郡守为侯、陈恢为千户，让他们仍在当地驻守，自己带着宛城的甲兵继续西进。此后正因为刘邦正确地对敌人采取了争取瓦解的政策，果然所向披靡，丹水（今河南淅川县西）、胡阳（今河南唐河县南）、析县（今河南内乡县西北）、骊县（今河南内乡县东北）的秦军守将，都望风迎降。

由于起义军的节节胜利，这使秦朝统治阶级内部的矛盾激化。赵高杀死了秦二世，立子婴为秦王。子婴派人来见刘邦，愿意与刘邦分关中之王。刘邦认为是诈，没有理会。他乘胜前进，在守将无备的情况下，一举攻克武关，打开了进军关中的大门。这时秦王子婴又杀死了赵高，派兵去守峣关（今陕西商县西北），妄图进行最后的挣扎。

刘邦想乘胜强攻秦峣关守军，但张良认为仍不可轻敌。张良侦查到守卫峣关的秦将是一个屠夫的儿子，爱财好利，就一面派人重金贿赂秦将，一面派骑兵绕到峣关秦军后面，前后夹攻，将其消灭。接着，刘邦又在蓝田击败秦军的最后一道防线，秦国的首都咸阳，已完全暴露在刘邦的大军之下。

（四）推翻秦朝统治

汉高祖元年（公元前 206 年）十月，沛公刘邦率领十万胜利的大军在各路诸侯中最先到达霸上，进入秦国的首都咸阳。秦王子婴看到大势已去，驾着白车白马，用丝绳系着脖子，封好皇帝的御玺和符节，在枳道（亭名）旁投降。秦始皇统一中国之后建立的强大的秦王朝，在农民起义军的打击下，最终投降瓦解了。这是我国历史上第一次以农民革命的力量，推翻了一个强大的封建王朝。刘邦在这一斗争中，立下了不可磨灭的功劳。

进入咸阳后，将领们有的说应该杀掉秦王。沛公说："当初怀王派我攻关中，就是认为我能宽厚容人；再说秦王已经投降，又将其杀掉，这么做不吉利。"于是把秦王交给主管官吏，自己带着部下进入了咸阳城。

刘邦此前只当过一个小小的亭长，他进入咸阳秦的宫室后，被富丽堂皇的宫殿、五光十色的财宝、美丽多姿的女人所吸引，于是刘邦就想留在秦宫殿中休息，享受帝王的生活。樊哙看出了刘邦对这种豪华的帝王生活的迷恋，就劝阻刘邦说："你是想取得天下，还是想当一个富翁？"刘邦回答说："我当然想取得天下。"樊哙接着说："依我看，豪华的宫室，数不尽的财宝，妖艳的美女，正是导致秦朝灭亡的原因。你要是想取得天下，就不要留恋这些东西。"刘邦听不进樊哙的劝告，樊哙就把刘邦最信任的张良找来，要张良再劝说刘邦。张良说："樊哙的劝告是对的。你所以能打到这里，就是因为秦朝残暴。现在刚刚推翻秦的统治，你就追求享乐，不是'助纣为虐'吗！"刘邦终于接受了他们的意见，下令把秦宫中的贵重宝器财物和库府都封好，只是萧何带走了"秦丞相御史律令图书"，也就是官方的一些文件资料，然后他们一起退回咸阳东郊的霸上（今陕西西安东）驻扎。

布衣天子——刘邦

三、立足关中

（一）约法三章

刘邦退居霸上后，为了争取到秦统治下的群众的支持，就在霸上召来各县的父老和有才德、有名望的人，对他们说："父老们苦于秦朝的苛虐法令已经很久了，批评朝政得失的要灭族，相聚谈话的要处以死刑，我和诸侯们约定，谁首先进入关中就在这里做王，所以我应当关中王。现在我和父老们约定，法律只有三条：杀人者处死刑，伤人者和抢劫者依法治罪。其余凡是秦朝的法律全部废除。所有官吏和百姓都像往常一样，安居乐业。总之，我到这里来，就是要为父老们除害，不会对你们有任何侵害，请不要害怕！再说，我之所以把军队撤回霸上，是想等着各路诸侯到来，共同制定一个规约。"刘邦随即派人和秦朝的官吏一起到各县镇乡村去巡视，向民众讲明情况。秦地的百姓都非常高兴，争着送来牛羊酒食慰劳刘邦的军队。沛公推让不肯接受，说："仓库里的粮食不少，并不缺乏，不想让大家破费。"人们更加高兴，唯恐沛公不在关中做王。由于坚决执行约法三章，刘邦得到了百姓的信任、拥护和支持，最后取得天下，建立了西汉王朝。

（二）鸿门宴

在刘邦顺利西进的同时，宋义、项羽、范增率领的北上救赵的军队，也取得了辉煌的胜利。项羽不满意宋义进军时的畏缩不前，他杀掉宋义，自立为上将军，自己带领军队，破釜沉舟，九战九胜，大败围困巨鹿的秦军。以后又击败围攻巨鹿的援军

布衣天子——刘邦

章邯，迫使章邯率二十万秦军投降。刘邦和项羽在出发前，楚怀王曾有约：先入关中者为王。这时项羽听到刘邦的军队已经进入关中，就日夜兼程，向关中进发。到了函谷关的时候，项羽见刘邦派兵把守关口，非常愤怒，立即攻破了函谷关。但是项羽已经晚了一步，当他的四十万大军抵戏（今陕西临潼东北）时，刘邦早已推翻了秦的统治，还布兵霸上等待着项羽。

这时，刘邦的军队驻扎在霸上，没有跟项羽相见。刘邦的左司马曹无伤派人去告诉项羽说："刘邦想占领关中称王，让子婴做他的相国，把所有的珍珠宝器都归为自己所有。"项羽听了非常生气地说："明天用酒肉犒劳士兵，要打败刘邦的军队。"在这时，项羽的军队有四十万人，驻扎在新丰县鸿门；刘邦的军队有十万人，驻扎在霸上。范增劝告项羽说："刘邦在崤山以东时，贪图财物，爱好美女。现在进入关中，财物一点都不要，美女一个也不亲近，这表现他的志向不小。我派人去看过他那里的云气，都是龙虎形状，成为五彩的颜色，这是天子的云气啊。你赶快攻打他，不要失掉时机！"

楚国的左君项伯是项羽的叔父，平时一向与张良友好。张良这时候跟随着刘邦。项伯就连夜骑马赶到刘邦军中，私下会见了张良，把事情详细地告诉了张良，怕张良和刘邦一起受害，想叫张良和他一起离开刘邦，张良不愿意一人脱险，就把情况详细地告诉了刘邦。刘邦大吃一惊，马上邀请项伯。

项伯立即来见刘邦，刘邦奉上一杯酒为项伯祝福，并约定为亲家，说："我进入关中，极小的财物都不敢沾染，登记官吏，人民，封闭了收藏财物的府库，以等待将军的到来。之所以派遣官兵去把守函谷关的原因，是为了防备盗贼的进入和意外变故，日日夜夜盼望着将军的到来，怎么敢反叛呢！希望你能向项羽详细地说明，我是不敢忘恩负义的。"项伯答应了刘邦的要求，并请刘邦第二天去向项羽当面解释误会。

刘邦第二天带领一百多人马来见项羽，到达鸿门。项羽当天就趁此机会留刘邦同他饮酒。项羽、项伯面向东坐；亚父面向南坐——亚父，就是范增；刘

中国古代开国皇帝

邦面向北坐；张良面向西陪坐。范增多次使眼色给项羽，举起他所佩带的玉玦向项羽示意多次，项羽默默地没有反应。范增站起来，出去召来项庄，对项庄说："君王的为人（心肠太软），不忍下手。你进去上前祝酒，祝酒完了，请求舞剑助兴，趁机把刘邦击倒在座位上，杀掉他。不然的话，你们都将为他所俘虏！"项庄就进去祝酒。祝酒完了，说："君王和沛公饮酒，军营里没有什么可以用来娱乐，请让我舞剑助兴吧。"项羽说："好。"项庄就拔出剑舞起来。项伯也拔出剑舞起来，并常常像鸟一样张开翅膀一样掩护刘邦，项庄始终得不到机会刺杀刘邦。坐了一会儿，刘邦起身上厕所，顺便招呼樊哙一道出去，而后逃离了项羽的营地。这就是历史上有名的鸿门宴。

布衣天子——刘邦

四、楚汉战争

（一）破三秦

项羽入咸阳，烧阿房宫、杀秦王子婴。项羽表面上尊楚怀王为义帝，实际却将其发配到了江南，自立为西楚霸王，定都彭城(今江苏省徐州市)，同时分封十八个诸侯，其中封刘邦为汉王，领巴蜀及汉中地，并故意封秦降将章邯、司马欣、董翳(意)为雍王、塞王、翟王，领关中地，以扼制刘邦。刘邦只好忍气吞声接受封号。

刘邦受封为汉王之后，非常不满，因为这违反了楚怀王先入关中者为王的诺言，所以想马上起兵攻打项羽。但是萧何等人认为，目前刘邦的力量远不及项羽，不如暂时先入汉中为王，先治理好巴蜀，然后以此为根据地，到时再与项羽争夺天下，也为时不晚。刘邦接受了萧何的意见，于四月带领着项羽给的三万士兵以及几万自己的旧部入汉中就王位。他还为了麻痹项羽，沿途烧毁了去往汉中的栈道(用木板架在悬崖上铺成的道路)，表示再也无意出兵。刘邦入汉中后，项羽也率军东归。五六月，齐国贵族后裔田荣不满分封，赶走齐王，杀胶东王，自立为齐王。项羽专心去攻打田荣，对西边没有加强防范。

刘邦到了南郑后，由于士卒水土不服，思念家乡，军心不稳，时有逃亡者。韩信向刘邦建议："士卒都是山东（函谷关以东）人，现在日夜盼望东归，利用这种情绪，可以向东发展，争权天下。"刘邦也认为在汉中时间长了，影响军心和斗志。他就利用项羽在忙于解决东方几个诸侯国叛乱之机，让萧何留守汉中，治理后方，自己率领军队东进。十月，刘邦挥军东出，拜韩信为大将，明修栈道，暗度陈仓(今陕西省宝鸡市东)，名为义帝发丧，派人联络诸侯，公开声讨项羽，出其不意

地一举击败项羽分封的雍王章邯，迫使塞王司马欣、翟王董翳投降，很快就控制了整个关中地区，拉开了五年楚汉战争的序幕。

（二）初战彭城

刘邦占领关中以后，让萧何治理，把它变成刘邦的大本营。这时刘邦乘项羽的主力陷入山东正在镇压齐国叛乱之机，率领主力出关东下，直奔项羽的后方彭城。

刘邦的进军很顺利，沿途吸收了很多降服的诸侯军，并率领五十万诸侯联军一举攻占彭城。项羽听说彭城被刘邦占领，急率精兵三万连夜奔回救彭城。

这时的刘邦被胜利冲昏了头脑，日夜置酒高歌，庆祝胜利，毫无戒备，结果被项羽的军队击败。刘邦在撤退过程中，又散乱不成军，被项羽追上后全军溃败，被歼三十余万。刘邦的父亲和妻子也都为项羽所俘获，他仅率数十骑逃脱。各路诸侯军见刘邦大败，又纷纷倒戈，脱离刘邦而投向项羽，刘邦的处境非常困难。

刘邦带领着数十骑一直退到了荥阳、成皋（今河南荥阳汜水镇）一带，才停下来收集散卒，进行整顿。这时韩信带了一部分军队前来荥阳与刘邦会合，萧何也从关中不断增派援兵，刘邦稍稍恢复了力量。他变攻势为守势，利用成皋一带依山傍水、地势险要的特点，构筑防御工事，准备抵抗项羽的进攻。当项羽的追兵到达的时候，刘邦在荥阳东南的京、索一带，击败了项羽的军队，阻止了楚军的西进。双方在成皋一带进入了相持阶段。

（三）争夺成皋

五月，刘邦到达荥阳，击败了楚的追兵，得以喘息，稳住了阵脚，遂重整军队，依托关中基地和有利地势与项羽长期抗争。

此时刘邦总结了彭城之战失败的教训，改变了与项羽进行主力决战的办法。

中国古代开国皇帝

张良帮助刘邦分析了项羽内部的各种矛盾，提出了用政治斗争分化瓦解项羽的力量，采取派军队深入项羽的后方，破坏其根据地，南北夹攻，使项羽处于前后左右受敌，疲于招架的境地。

刘邦同意张良的分析，他派萧何留守关中，自己率主力与项羽在荥阳、成皋一带对峙；命令韩信开辟北面战场，消灭燕、赵、魏、代和三齐，从侧面威胁项羽的后方；刘邦还派彭越深入项羽腹地，流动作战，骚扰项羽的运输线。六月，刘邦派兵攻废丘，迫章邯自杀，解除了后顾之忧；派人说服英布反楚归汉，并采用陈平的离间计，使项羽和他的主要谋士范增发生矛盾，气死了范增。所以这时主战场，虽然刘邦在项羽的军事打击下，连连失利，被迫放弃了军事重镇荥阳和成皋，项羽在这里取得了主动权；但在其他战场上，项羽却处在被动挨打的地位。

由于刘邦派刘贾的两万骑兵，轻装深入到项羽的后方，配合彭越连下十七城，惊扰了楚军的后方，迫使项羽不得不将主力撤出，向东回师，以扫清后方之敌。

为了减轻楚军的压力，刘邦率军经武关、宛(今河南南阳)、叶(今河南叶县南)，想引诱项羽南下。为配合汉军行动，此时韩信也率军到达黄河北岸，声援荥阳。彭越正在进攻下邳(今江苏邳州南)。项羽被迫率军回救，刘邦乘机收复成皋。刘邦一面命汉军在巩县一带坚守，阻击楚军前进，一面命韩信组建新军击齐，派人入楚腹地协助彭越进攻睢阳(今河南商丘南)、外黄等地，再次迫使项羽回救。在丢失成皋，荥阳又被刘邦围困的危急情况下，项羽的主力又被迫回师以解荥阳之围。

(四) 鸿沟定盟

项羽在击败彭越后，寻汉军主力决战不成，屯兵广武(今荥阳北)与刘邦形成对峙。不久，韩信在潍水之战中歼灭齐楚联军，完成对楚侧翼的战略迂回，又派灌婴率军一

部直奔彭城。由于项羽的士兵来回奔波，疲于奔命，而后方的供应又屡遭切断，所以士气很低落。而刘邦却源源不断地得到后方的支持，所以越战越强。

项羽想用速战的方法一决胜负，刘邦却采用持久战的办法，以困疲项羽的力量。这时项羽看到军事力量已经难以消灭刘邦，就借刘邦要求释放被俘的父亲和妻子吕雉的机会，向刘邦提出以鸿沟（今河南荥阳、中牟、开封一带）为界，鸿沟以西归刘邦，鸿沟以东归项羽，中分天下的主张。刘邦同意了他的要求，于是项羽送还太公、吕雉，撤兵回楚。

（五）四面楚歌

公元前202年，项羽撤回彭城后，刘邦也准备回到关中。张良、陈平向刘邦建议："现在汉已经拥有大半个天下，诸侯也都支持您，而项羽在这时已经兵疲粮尽、众叛亲离，应该趁项羽衰弱的时候消灭他。如果错过了这个机会，把项羽放走，就等于帮助项羽恢复力量，再来与您争夺天下。"刘邦采纳了他们的意见，立即挥师追击项羽。

汉高祖五年（公元前202年）十月，刘邦在阳夏之南追到了项羽，并派人约韩信、彭越前来会师，共击项羽。但韩信、彭越故意误期不到，使刘邦孤立作战，在固陵（今河南太康县西）被项羽打败。刘邦一方面整顿军队固守；另一方面为了争取韩信、彭越的支持，答应他们打败项羽后，把从陈县以东到海滨的土地封给韩信，把睢阳(今河南商丘南)到穀城的土地封给彭越，又派人劝降了项羽的大司马周殷，英布这时候也早已经接到了刘邦的命令，率重兵深入九江一带，切断项羽南方的退路。当刘邦对这些人作了争取和战略部署之后，十二月就与韩信、彭越、周殷、英布的三十万大军，会师在垓下（今安徽灵璧县南），将项羽团团围住。

这时项羽手下的兵士已经很少，弹尽粮绝。一天夜里听见四面围住他的军队都唱起楚地的民歌，以为刘邦已经全部占领了楚地，不禁非常吃惊地说："刘邦已经得到楚地了吗？为什么他的部队里面楚人这么多呢？"说着，心里已丧失了斗志，便从床上爬起来，在营帐里面喝酒解闷，悲壮地唱了一首歌："力拔山兮气盖世，时不利兮骓不逝，骓不逝兮可奈何，虞兮虞兮奈若何！"骓是他的骏马，虞是他心爱的美人，一代英豪的项羽，这时在刘邦大军的包围下绝望了。他和他最宠爱的妃子虞姬一同唱歌。唱完，悲痛欲绝，在一旁的人也非常难过。虞姬自刎于项羽的马前，项羽告别了虞姬，带领八百精锐骑兵，突围而出。

（六）乌江自刎

天亮后，刘邦发现项羽逃走，就命令大将灌婴率领五千轻骑追击。项羽渡过淮河以后，八百骑兵就只剩下一百多人，到了阴陵（今安徽定远西北）时，迷失了道路，陷入一片沼泽中，因而被刘邦的追兵赶上。项羽边战边退到东城（今安徽定远东南），身边只剩下二十八骑。项羽鼓足最后的一点力量，作了两次垂死的挣扎，最后逃到乌江（今安徽和县东北）时，只剩下他一个人。他悲恨交加，感到无言面对江东父老，拔剑自刎而死，历时五年的楚汉战争，最后以项羽的失败结束了。

布衣天子——刘邦

五、建立汉朝

（一）称帝建汉

汉高祖五年（公元前202年）正月，在楚汉战争刘邦已经取得重大胜利的形势下，受封的韩信和彭越联合原来的燕王臧荼、赵王张敖以及长沙王吴芮共同上书刘邦，请他即位称帝。刘邦假意推辞说："当皇帝的要有大贤大德，我不敢当。"众人又劝刘邦说："你虽然出身低微，但起而扫灭暴秦，诛杀不义，又平定四海，安定天下，对有功的人都封为王侯。你如果不当皇帝，就不能稳住大家、保住共同打下来的天下。"刘邦再三推让后，就表示同意说："你们既然认为我当皇帝对国家有利，我就接受尊号吧！"

二月初三，刘邦在山东定陶氾水之阳举行登基大典，定都洛阳，定国号为汉，刘邦就是汉高祖。

刘邦当皇帝后，在已成事实的基础上，大封功臣为诸侯王。韩信原来是齐王，改封为楚王，建都下邳；彭越被封为梁王，建都定陶；韩王信仍为韩王，建都阳翟（后迁都太原）；吴芮原为衡山王，改封长沙王，建都临湘（今湖南长沙）；英布原为九江王，改封为淮南王，建都于六；赵王张敖封地不变，建都襄（今河南邢台西南）；臧荼的燕王封地不变，建都蓟。此外，闽粤王无诸、南粤王赵佗，他们在反秦斗争中都自立为王，刘邦也承认了他们的地位。

即位的同年五月，刘邦在洛阳的南宫开庆功宴。宴席上，刘邦让大家总结战胜项羽、取得天下的经验和教训。高起和王陵认为："刘邦与项羽相比，刘邦作风粗暴，爱骂人，而项羽对人和蔼尊重，这是刘邦不如项羽的地方；但是刘邦对部下宽宏大量，攻下的地方都封给有功的将领，而项羽却嫉妒部下的功劳，对有功的人常常

疑神疑鬼，不予重用，所以大家都逐渐离开了他。"刘邦认为他们的看法不全面，他自己总结了取胜的原因："论运筹帷幄之中，决胜于千里之外，我不如张良；论抚慰百姓供应粮草，我又不如萧何；论领兵百万，决战沙场，百战百胜，我不如韩信。可是，我能做到知人善用，发挥他们的才干，这才是我们取胜的真正原因。至于项羽，他只有范增一个人可用，但又对他猜疑，这是他最后失败的原因。"刘邦总结的战争的胜败，人的因素总是最重要的。显然，刘邦的看法比高起和王陵要深刻得多。

（二）定都长安

称帝之后，摆在刘邦面前的最重要的事情就是在哪里定都。这时，齐人娄敬从山东赶回洛阳，向刘邦建议迁都关中。刘邦让大家讨论建都在什么地方最合适，很多人因为已经在洛阳安下家来，都主张建都洛阳不动。只有张良支持娄敬的迁都意见。他认为关中地区比洛阳一带富饶，而且进可以攻，退可以守，建都关中在政治上和经济上都有利。所以刘邦接受了娄敬的意见，迁都关中的长安。

因为关中的秦宫室，都已经毁于战火，所以迁都长安以后，刘邦让萧何负责营建未央宫。萧何将未央宫设计得很壮丽，刘邦看了很不高兴。他认为，经过秦末的大战乱，老百姓都很困难，政局也没有完全稳定下来，造那么豪华的宫室有点过分了。但萧何认为，正因为天下的政局尚未定下来，所以皇帝住的宫室才需要建得很壮丽，它能起到提高皇帝的威望，稳定天下的作用。

刘邦刚当皇帝的时候，因为群臣的出身多为布衣小吏，所以大家不懂也不习惯那些繁琐的宫廷礼仪。有时候在正式的宫廷宴会上，大家常常喝醉了酒，互相乱叫打斗，无法体现皇帝的尊严，刘邦对此十分恼火，但苦于无法制止。叔孙通在秦朝当过博士，懂得宫廷礼仪，向刘邦建议，要制定一套宫廷礼节，以提高皇帝在群臣中的威严。刘邦同意了叔孙通的建议，要他制定一套不太繁

中国古代开国皇帝

琐的礼仪，以约束群臣。后来长乐宫建成，刘邦再摆宴席庆祝的时候，事先叔孙通根据自己制定的礼仪，先训练了大臣们一番，所以在宴会上，大家都遵守规定的礼仪，在刘邦面前谁也不敢再吵闹打斗了。刘邦对叔孙通制定的礼仪很满意，对大家说："今天我才体验到当皇帝的威风和尊贵！"

（三）白登之围

自从在秦始皇统治时期打败匈奴以后，北方平静了十几年。到秦朝灭亡之后，中原又发生了楚汉相争，匈奴就趁机一步一步向南进军。

汉高祖的时候，匈奴的冒顿单于带领四十万人马包围了韩王信（原韩国贵族）的封地马邑（今山西朔县）。韩王信抵挡不了，向冒顿求和。汉高祖得到这个消息，派使者责备韩王信。韩王信害怕汉高祖治他的罪，向匈奴投降了。冒顿占领了马邑，又继续向南进攻，围住晋阳。汉高祖亲自赶到晋阳，和匈奴对敌。

公元前200年的冬天，天空下着大雪，气候特别冷，中原的兵士没碰到过这样冷的天气，冻坏了不少人，有的人竟冻掉了手指。但是，汉朝的军队和匈奴兵一接触，匈奴兵就败走。一连打赢了几阵。后来，听说冒顿单于逃到代谷（今山西代县西北）。

汉高祖进了晋阳，派出兵士去侦察，回来的人都说冒顿的部下全是一些老弱残兵，连他们的马都是瘦弱的。如果趁势打过去，准能打胜仗。汉高祖害怕这些兵士的侦察不可靠，又派刘敬到匈奴营地去刺探。刘敬回来报告汉高祖说匈奴有伏兵，汉高祖不信，便率领一队人马赶到平城（今山西大同市东北），突然四下里涌出无数匈奴兵来，个个人强马壮，原来的老弱残兵全不见了。汉高祖拼命杀出一条血路，退到平城东面的白登山。

冒顿单于派出四十万精兵，把汉高祖围困在白登山。周围的汉军无法救援，汉高祖的一部分人马在白登，整整被围了七天，无法脱

布衣天子——刘邦

身。高祖身边的谋士陈平打发了一个使者带着黄金、珠宝去见冒顿的阏氏（匈奴的王后），请她在单于面前说些好话。阏氏一见这么多的礼物，很高兴。当天晚上，阏氏便劝说冒顿退兵。冒顿听了阏氏的话，第二天一清早，就下令将包围网撤开一角，放汉兵出去。

第二天清早，天正下着浓雾，汉高祖悄悄地撤离了白登。陈平还不放心，叫弓箭手朝着左右两旁拉满了弓，保护汉高祖下山。汉高祖提心吊胆地走出了匈奴的包围圈，快马加鞭，一口气逃到广武。他定了定神，首先把刘敬放出来，说："我没听你的话，弄得在白登被匈奴围了起来，差点儿不能和你见面了。"

汉高祖逃出了虎口，自己知道没有力量再去征服匈奴，只好回到长安。此后，匈奴一直侵犯北方，令汉高祖大伤脑筋。他问刘敬该怎么办？刘敬说："最好采用'和亲'的办法，大家讲和，结为亲戚，彼此可以和和平平地过日子。"汉高祖同意刘敬的意见，派刘敬到匈奴去说亲，冒顿同意了。汉高祖挑了一个宫女所生的女儿，称作大公主，送到匈奴去，冒顿就把她立为阏氏。

（四）诛杀功臣

刘邦在楚汉战争和西汉立国之初，因为斗争的需要，被迫封了一些异姓诸侯王，这批诸侯王中，有一些拥兵割地有相当大的力量。他们的存在成为西汉王朝初年威胁中央集权的潜在力量。

刘邦虽然做了皇帝，但他也没敢对自己的皇位掉以轻心。他在设盛宴招待英布等大臣时，曾经对在场的父亲夸耀说："原先您老经常说我是个不干活、不读书的无赖，不及二哥能理家治业。如今我做了皇帝，您看现在是二哥的财富多，还是我的财富多呢？"不过在享乐的同时，他也采取措施对皇权进行了巩固。

第一个让他不放心的就是在各地的异姓王。他们都有兵将，有的还三心二意。第二个问题就是其他将领，为功劳大小和赏赐的多少争斗不止，如果安抚

中国古代开国皇帝

不当，就会投奔那些异姓王作乱。还有原先六国的后代也不能掉以轻心。在中央，丞相的权力对他这个皇帝也构成了威胁。刘邦从做了皇帝到最后病死，共有八年时间，基本都用在了解决这些让他不放心的问题上。

汉高祖五年（公元前202年），刘邦刚刚当上了皇帝，原来项羽分封的临江王欢就举兵反叛，刘邦派刘贾围攻其数月而降，刘邦将他杀于洛阳。燕王臧荼也是项羽分封的王，后来刘邦予以承认，不久他也举行反叛，并且取得了代地，刘邦亲自带兵击败了臧荼。

对刘邦威胁最大的是楚王韩信。韩信原来是项羽的部下，因为不被重用而改投在刘邦的军中，他在萧何的支持下，逐步受到刘邦的重用，迫使刘邦封他为齐王。刘邦称帝后，因为韩信与项羽的一些部下有关系，改封韩信为楚王。项羽的部下钟离眛与韩信是老朋友，失败后躲在韩信那里，刘邦让韩信交出来，韩信对此不理不睬。

汉高祖六年（公元前201年），有人告发韩信谋反。刘邦问怎么办，大家说发兵讨伐。但陈平却反对，他说楚国兵精粮足，韩信又善于用兵，发兵很难取胜。他建议刘邦以巡游云梦为借口，让各诸侯王都到陈县（现在河南淮阳），到时韩信一定会来，然后再抓他问罪。刘邦依计行事，韩信带着钟离眛的头颅去见刘邦，想表明自己并无反叛之意，但刘邦还是将韩信逮捕了。

韩信听到对他的指控，大声喊冤："古人说得果然不错，'狡兔死，走狗烹；飞鸟尽，良弓藏；敌国破，谋臣亡。'现在天下已经平定，我这样的人也早就该烹杀了。"刘邦将韩信押到洛阳，但又没有明确的证据，便释放了他，但降成了淮阴侯。这时韩信住在洛阳，心情十分苦恼。

第二年，陈豨被任命为赵相国兼监赵、代边兵，赴任前与韩信告别，韩信对他说："你那个地方是战略要地，你的一言一行都容易受到刘邦的猜疑，假如有人诬告你三次，说你要叛乱，刘邦一定会亲自去征讨，你要多多注意保重。"

后来有人向刘邦告发陈豨要反叛，刘邦果然亲自前去平叛。刘邦要韩信随行，韩信托病不去。他暗中派人

布衣天子——刘邦

告诉陈豨："你在边外起兵，我在京城协助你。"韩信与家臣密谋，想在夜里假传诏书"赦诸官徒奴"，把那些奴隶发动和组织起来，去袭击太子和吕后。不料他的阴谋被门客的一个弟弟告发，萧何和吕后就假称刘邦征讨陈豨已经大获全胜，要文武百官都去庆贺，将韩信诱骗入宫抓捕，最后在长乐宫斩首，留下一个"成也萧何，败也萧何"的成语。

陈豨曾带兵五百人参加刘邦入关中的战斗，后因在平定燕王臧荼的叛乱中有功，被封为阳夏侯。他在任巨鹿郡守时，有一次请假回家路经赵国，随从宾客有一千多辆车子，赵相周昌怀疑他要造反，密报给刘邦。刘邦派人核查，发现陈豨有贪赃枉法的事情。陈豨很害怕，就暗中与投降了匈奴的韩王信及其部将王黄、丘曼臣联系，以取得他们的支持。

后来刘邦的父亲去世时，派人送讣告给陈豨，他假装病重不去吊丧。这时他便与王黄等人勾结起来，自立为代王，举兵反对刘邦。刘邦立即亲自带兵讨伐，他采取了争取大多数，只集中打击陈豨、王黄、丘曼臣等少数罪魁的正确策略，充分依靠燕、赵等地的将领，接连打败陈豨的军队，活捉了王黄和丘曼臣。刘邦返回长安，继续让周勃、樊哙领兵追击，不久就在当城（今河北蔚县东）斩杀了陈豨，平定了叛乱。

和陈豨联合叛乱的韩王信，是已故韩襄王的孙子，在刘邦还定三秦的斗争中，他平定韩地有功，被刘邦封为韩王，在今山西北部守边以防匈奴。他在与匈奴的斗争中，贪生怕死，屡次求和。刘邦怀疑他与匈奴有勾结，派人去责备他，韩王信很害怕，就公开投降了匈奴，反过来攻打太原。刘邦又一次率兵亲征，斩其大将王喜，韩王信逃入匈奴。后来他又领匈奴兵入扰参合（今山西阳高东北），刘邦派柴武征讨时，柴武在政治上争取韩王信投降无效，就用武力击败了他的军队，斩杀了韩王信。

卢绾与刘邦是同乡，刘邦起兵后他一直作为亲信追随在刘邦的左右。在平定燕王臧荼的叛乱中，他被封为燕王。刘邦在平定陈豨的叛乱中，他奉命去作战。当时陈豨正派人向匈奴求兵，而卢绾也派使者张胜去匈奴，劝说匈奴不要

中国古代开国皇帝

派兵支持陈豨。张胜在匈奴碰见了原燕王臧荼逃亡在那里的儿子臧衍，他劝张胜不要支持刘邦平陈豨的战斗，陈豨如果失败了，刘邦下一个就会收拾燕王卢绾。卢绾听了张胜的话，就暗中派张胜去联络匈奴，以巩固自己的地位。又派范齐去告诉陈豨，表示支持他反叛到底。刘邦平定了陈豨的叛乱后，陈豨的部下揭发了卢绾的这一活动。刘邦派人召卢绾进京对质，他装病不去。刘邦又派审食其和赵尧去接卢绾，他避而不见。审食其、赵尧从卢绾的左右，了解到卢绾确有反意，并回京报告给刘邦。这时正好有匈奴的降者也揭发了张胜在匈奴的活动，刘邦便派樊哙去讨伐卢绾，他自知不敌，就带着家人和几千部下逃到了匈奴，一年多后死在了那里。

赵王张敖是刘邦的女婿。他的相贯高对刘邦的傲慢专横不满，曾想在刘邦路过赵国，夜宿柏人县（今河北内丘县东北）馆舍时，刺杀刘邦。但那天刘邦未宿柏人县，所以刺杀未成。这一密谋后来被人告发。刘邦下令逮捕了张敖、贯高等人，贯高一口咬定刺杀事件完全是他个人的密谋、张敖并不知情，结果贯高自杀，张敖因吕后的援救，被贬为宣平侯。

彭越是起义比较早的一个将领，他在楚汉斗争中，曾是举足轻重的一个人物，刘邦把他争取过来击败项羽后，封他为梁王。刘邦征讨陈豨时，要他领兵参战，彭越装病，只派部将领兵前往。刘邦派人责问，他的部将劝其反叛，彭越犹豫不决。这时彭越的太仆向刘邦告发他与部将谋反，刘邦派人逮捕了彭越，审讯的结果认为他反形已具，就把他废为庶人，发配去西蜀。

彭越走到郑（今陕西华县）时，正好碰到由长安去洛阳的吕后，就向她哭诉自己无罪，要求不去西蜀而回老家昌邑。吕后认为留下彭越是一个后患，就假意同情他，将他带回洛阳后，建议刘邦把他杀了。

英布也是参加秦末起义比较早的一个将领，他一开始追随项羽，在反秦斗争中屡立战功。在楚汉战争中他被刘邦争取过来，因参加击败项羽的战斗有功，刘邦称帝后被封为淮南王。

刘邦在诛灭彭越后，把彭越的

布衣天子——刘邦

尸体剁成肉酱，分赐诸侯，以警告他们不要谋反。英布看到和自己同样有战功和地位的将领先后被杀，心里已经很恐惧，又看到彭越的肉酱，就更加惶恐。于是，他秘密让部下集中兵马，以等待时机进行反抗。他的动向被人告发，刘邦派人调查，也抓住一些证据，英布因而起兵反叛。刘邦决定带兵亲征。两军在蕲县（今安徽宿县南）相遇。刘邦在军前当面质问英布为什么要反叛，英布的回答很直截了当，就是他也想当皇帝。

在战斗中英布被击败，渡过淮河逃难。英布是长沙王吴臣的姐夫，刘邦让吴臣利用亲戚关系，将战败走投无路的英布骗到番阳（今江西波阳县东）的兹乡杀了。这样，在刘邦称帝以后，用了七年的时间，寻找各种借口，除了远处南方力量较小的长沙王吴芮外，陆续将异姓诸侯王都消灭了。

对于其他将领，刘邦也颇费心机。

开始，刘邦先是分封了萧何等二十余人官职，但众将领因为互不服气，争功不止，刘邦就没有封官。

一次，在洛阳南宫，刘邦看见众将坐在沙地上不知在说什么，问身边的张良怎么回事，张良说他们在谋反。刘邦问为什么，张良说怕他以后不会封他们高官。刘邦又问怎么办，张良就问他最恨的人是谁，刘邦说是雍齿，因为他虽然功劳多，但太张狂，自己曾经想将他杀掉。张良听了就让他封雍齿为侯，这样，大家就觉得被刘邦记恨的雍齿都能受封，他们就更不用担心了。于是，刘邦大摆庆功宴，封雍齿为什方侯，还当场命丞相和御史抓紧时间草拟论功行赏分封的名单。张良的计策果然奏效，众将的心都安定了。

对于六国的后裔，刘邦则将他们和地方的名门望族共十几万人全部迁到关中居住，置于中央控制之下，消除了后顾之忧。

关于丞相的过大权力，刘邦通过把萧何下狱来打击削弱相权。在刘邦平定了英布叛乱回到长安后，萧何提议把上林苑开放，让百姓去耕种，因为上林苑基本上已经荒芜，并没有养兽供皇帝狩猎的地方。刘邦一听就恼了，硬说萧何拿了商人的贿赂，所以才替他们说话，借百姓之名为商人牟利。刘邦将萧何关进了监狱，几天后，有大臣问丞相犯了什么罪，刘邦却为自己狡辩说："原先李斯做秦国的丞相，凡是功劳都归始皇，不好的事都由自己承担。现在丞相萧何却接受了商人的贿赂，替他们求我开放上林苑，收买人心。因此要治他的罪。"通过打击元老功臣萧何，刘邦在削弱相权的同时将皇帝的权力提高了。

（五）强化皇权

在巩固强化皇权方面，刘邦也是想尽了办法，一是通过尊父亲太公为太上皇；二是通过对季布和丁公的处理。这两件事最终达到了他的目的。

1. 尊父亲为太上皇

在经历了春秋和战国长期的混乱之后，又经历了短期的秦朝统治，再加上秦末战争，这使得人们心中没有忠君的观念，还保持着战国以来形成的"士无常君，国无定臣"的思想，这不利于皇权的巩固。刘邦通过尊重父亲来教育大臣和百姓遵循礼法，尊重长辈，效忠君主。

刘邦和父亲刘太公在一起住，为了向大家表示他孝顺，每五天就去拜见一次。太公觉得没什么，也习惯了。但太公的属官却觉得不合适，就劝他说："俗话说，天无二日，地无二主，当今皇帝是您的儿子，但他也是人主。您虽是他的父亲，但也是他的大臣。让他这个主人拜见您这个大臣，不合礼仪，况且这样也显不出皇帝的威严。"

等刘邦再拜见父亲时，太公就提前拿着扫帚出门相迎，然后倒退着进屋，不给刘邦行礼的机会。刘邦很吃惊，跳下车去搀扶父亲，太公赶忙说："皇帝贵为人主，不能因为我一个人破坏了国家的礼法。"刘邦便下诏书，尊太公为太上皇，这样一举两得，不但明示了皇帝的尊严，他也可以顺理成章地拜见父亲了。

2. 处理季布和丁公

第二件事是对同母异父兄弟季布和丁

公的处理。在刘邦和项羽争天下时，他们俩都是项羽手下的大将。季布领兵几次将刘邦打败，丁公也领兵追击过刘邦，但最后放过了他。刘邦做皇帝后，记恨季布打败过自己，就把他抓了起来。但想到自己也需要他这样的忠臣来辅佐，就不再记仇，不但放了他，还封为郎中。丁公听说了，觉得连季布这样给过刘邦难堪的人都能释放做官，他这个曾对刘邦有恩的人就更不用说了。没想到，他却被刘邦抓起来。刘邦对众人说："丁公做项羽的将领时不忠，就是他这种人使项王丧失了天下。"刘邦下令处死了丁公，还在军中示众，警示大家要做忠臣，不要学丁公。

（六）与民休息

建立汉朝之后，刘邦以文治理天下，征用儒生，诏令天下，广泛求贤。

1. 行政法律方面

刘邦接承秦朝的中央集权制和郡县制，同时废除了秦朝的苛刻法律刑法。刘邦攻入咸阳之时，便立即废除秦朝的苛法。与民约法三章，封存府库，对百姓秋毫无犯，深得民心。在平定天下后，刘邦命萧何参照秦朝法律"取其宜于时者，作律九章"，即"汉律九章"。这是在战国时期李悝所制订的《法经》六篇（盗法、贼法、网法、捕法、杂法、具法）基础上补充了户律（户口管理、婚姻制度和赋税征收）、兴律（主要规定征发徭役、城防守备）和厩律（主要规定牛马畜牧和驿传方面），一般所说的汉律就是指《九章律》。

刘邦重用叔孙通整理朝纲，叔孙通制定了一套适合当时形势需要的政治礼仪制度，撰写了《汉仪十二篇》《汉礼度》《律令傍章十八篇》等仪法法令方面的专著，为汉朝的建立和巩固起了重要作用，也为后人留下了一笔宝贵的文化遗产。

在法律思想上，以儒家思想为主，以法家思想为辅，取消秦朝"严刑峻罚"的做法，废除连坐法及夷三族，提出了"德主刑辅"。即以教化为主，刑罚为辅，达到宽柔相济、严松相当的统治效果。

中国古代开国皇帝

2. 经济方面

要恢复农业生产首先解决的是劳动力不足的问题。由于战争的原因，当时人民在战乱中死的死、逃的逃，政府实际掌握的户口数只有过去的十分之三。

刘邦废除秦朝的苛法、豁免其徭役减轻人民的负担，如减轻田租，什五税一，与民休息。发布了"复故爵田宅"的命令，号召那些逃亡在外的人回到故乡，恢复他们原来的爵位，归还原有的土地和房屋，当地的官吏对他们要好好安置，不得歧视和刁难他们。

"兵皆罢归家"，对于追随刘邦打天下的士兵，根据他们不同的战功，赐给爵位和土地，使他们从事生产劳作，迅速恢复提高国民经济。释放奴婢，凡民以饥饿自卖为奴婢者，皆免为庶人，回到生产中去。解放生产力，同时鼓励生育，增加劳动力，规定生儿子的人，可以免除徭役两年。同时大力发展农业，抑制打击唯利是图的商人及残余的奴隶主阶级。通过这些努力后，开始有一大批的劳动力回到了生产的第一线。

在当时生产和生活都十分困难的条件下，刘邦还尽量减轻农民的赋役负担，以提高农民的生产积极性。对秦以来人民最头疼的徭役制度，刘邦适当给以减轻了。在楚汉战争期间，他就规定关中从军的免除全家徭役一年。他称帝后，又宣布追随他战争的士卒，可以免除本人或全家的徭役。对于赋税，他根据政府的各项总开支，制订了赋税的总额，田租只收产量的十五分之一。对于遭受战乱比较重或临时受灾地区，他还经常免除其租税。刘邦实行的这种轻徭薄役的制度，相对地减轻了人民的负担，有利于尽快地恢复和发展农业生产。

此外，刘邦还接受刘敬的强干弱枝的建议，把关东六国的强宗大族和豪杰名家十余万口迁徙到关中定居。刘邦使百姓得以生息，民心得以凝聚，国家得以巩固。

3. 文化事业方面

刘邦建立规模宏大的"国家图书馆"天禄阁、石渠阁等。"天下既定，命萧何次律令，韩信申军法，张苍定章程，叔孙通制礼仪，陆贾造《新语》。又与功臣剖符作誓，丹书铁契，金匮石室，

藏之宗庙。虽日不暇给，规模弘远矣。"

刘邦采取的宽松的政策，不仅安抚了人民、凝聚了人心，也奠定了汉代雍容大度的文化基础。可以说刘邦使四分五裂的中国真正地统一起来，而且还逐渐把分崩离析的民心凝聚起来。他对汉民族的形成、中国的统一强大、汉文化的保护发扬有决定性的贡献。

到高祖刘邦末年时，经济已经明显好转，天下新定，人民小安，未可复兴兵。刘邦是中国历史上少有的杰出政治家，是真正统一中国的人，可以说他是汉始皇，创造汉民族的人。他在汉初制订的英明国政，不仅使饱受战乱的中国得以休养生息，并奠定了以后"文景之治"的富裕及汉武帝反击匈奴的坚实基础。

刘邦高瞻远瞩、深谋远虑，他的政治制度和对后世的安排使大汉延续了长达四百余年。他的一套政治体制和经济制度为后世统治者所沿用，刘邦开创的大汉帝国可以说是中国历史上最强盛的朝代，令后世国人景仰与怀念，他本人也令后世众多的人所怀念和歌颂。

六、一代枭雄之死及历史评价

　　为了皇权的巩固，刘邦费尽心机。本来刘邦年龄就大，在平定英布叛乱时又受了箭伤。他在击败英布后，让部下去追击，自己带着箭伤，路过家乡沛县时，被父老乡亲留下，欢饮了数日。刘邦48岁时带领沛县子弟三千起兵，这时回到沛县老家已经62岁。此时他虽然已是位至尊的皇帝，但是他见到故乡父老兄弟的时候，还是感慨万千。他在沛县选了一百二十个小孩，他和这些小孩一起唱歌跳舞，尽情欢乐。自己创作了豪迈气魄的《大风歌》："大风起兮云飞扬，威加海内兮归故乡，安得猛士兮守四方！"他在家乡停留了十多天，此时箭伤发作，就赶快回了长安。

　　刘邦回到长安后病情加重。吕后找来名医为他治病。刘邦向医生询问自己的病情，从医生的口气中，刘邦知道自己不会好了，气得大骂医生："以布衣提三尺剑取天下，此非天命乎？命乃在天，虽扁鹊何益！"说完赏赐给医生五十金打发他走了。此时刘邦最关心的是自己的继位人问题，太子刘盈当时还年幼，而且又比较懦弱，刘邦怕他挑不起皇帝的担子。吕后看着弥留中的刘邦，问他死后谁能辅助刘盈治理天下，刘邦说："萧相国死后，可以让曹参接替。"吕后问曹参之后是谁，刘邦说："王陵可以在曹参之后接任，但王陵智谋不足，可以由陈平辅佐。陈平虽然有智谋，但不能决断大事。周勃虽然不擅言谈，但为人忠厚，日后安定刘氏江山肯定是他，用他做太尉吧。"吕后又追问以后怎么办，刘邦有气无力地说："以后的事你不会知道了。"刘邦死后这些人的表现，基本上和他当时分析的一样。

　　高祖十二年（公元前195年）的四月二十五日，驰骋战场、戎马一生的刘邦在长乐宫驾崩，终年62岁。吕后怕与刘邦打天下的那些将领，不服年仅17岁的太子刘盈的指挥，就四日不发丧，想把这批有功的将领全部杀掉。这

个消息被郦商听到后，他去参见与吕后密谋的审食其，认为这样做必然会危及汉的天下。吕后也觉得难以尽杀诸将，因而决定公开发丧。大臣们认为刘邦"为汉太祖，功最高"，死后上尊号为"高皇帝"葬于长陵，庙号是太祖。

刘邦出身低微，在秦末的大动乱中，他广罗人才，战胜群雄，终于统一了中国，开创了西汉王朝。奠定了中国封建社会的主要文化，即儒家思想影响下的文化制度。纵观他的一生，他不但是一个杰出的军事家，而且也不愧为一个有作为的政治家。他作为一个出身于农民起义领袖的封建帝王，在中国历史上的贡献是不可磨灭的。

中国古代开国皇帝

布衣天子——刘邦

马上皇帝——赵匡胤

　　宋太祖赵匡胤，是北宋的创建者。涿州（今属河北）人。五代时，为后周将领，以战功升殿前都点检，统领禁军。后周显德七年（960年），他通过陈桥兵变夺取后周政权，建立宋朝，定都开封（今属河南）。他以三年时间平息内部反对势力，随后进行统一全国的军事行动，采取先南后北、先易后难的战略方针，征战十余年，平安荆南、后蜀等地割据政权。同时采取一系列措施，改革军事、政治、财政、科举等制度，以加强中央集权。他在位期间，基本上结束了五代十国分裂割据的局面，为社会经济的恢复和发展起到了积极的作用。

一、动乱年代

宋太祖赵匡胤(927—976)是北宋的创建者，涿州(今属河北)人。五代时，为后周将领，以战功升殿前都点检，统领禁军。后周显德七年(960年)，他通过陈桥兵变夺取后周政权，建立宋朝，定都开封(今属河南)。他以三年时间平息内部反对势力，随后进行统一全国的军事行动，采取先南后北、先易后难的战略方针，征战十余年，平定荆南、后蜀、南汉等各地割据政权。同时采取一系列措施，改革军事、政治、财政、科举等制度，以加强中央集权。他在位十七年，庙号太祖，年号有建隆、乾德、开宝。在位期间，基本上结束了五代十国分裂割据的局面，为社会经济的恢复和发展起到了积极的作用。

宋太祖赵匡胤生长于五代乱世，深知武将专权的祸害，这可能是促成他"扬文抑武"政策的根源。他除了广泛任用文人为官以取代武将外，还立下了包括"不杀大臣及上书言事者"在内的誓碑。对历史影响更为深远的是他对于科举制的改革。他禁止了唐五代以来盛行的"公荐""公卷"等考前推荐制度，使试卷成了评定录取的唯一标准，大大增加了考试的公正性，使没有任何背景的穷人也有机会中试。他还确立复试、殿试制度，同样有利于选拔出真正的人才。宋代文化发达，文人地位较高，与赵匡胤的首倡不无关系。

赵匡胤的伟大之处除了结束近百年的分裂局面，大体上统一了汉族地区之外，还在于他生长于残酷血腥的五代乱世，却开创了一个宽松的政治环境，营造了一个有利于文人文化蓬勃发展的氛围。但他使权力过分集中于中央，致使地方力量衰弱，不足以拱卫中央；他的军事改革使得军队"兵不知将，将不知兵"，大大降低了军队的作战能力，以致后来在与北方少数民族的战争中一直处于劣势；他建立的使各级各部门互相牵制的官制，也降低了官员的办事效率，

导致了冗官冗政的大量出现。这些都使他受到后人的指责。

公元 976 年，宋代开国之君赵匡胤一夜之间猝然离世，正史中没有他患病的记载，野史中的记载又说法不一。他的死因，成了历史上一宗离奇的悬案。

总之，赵匡胤一生的功过是非都要从那动乱的年代讲起。

后唐天成二年二月十六日，也就是后唐明宗天成二年，公元 927 年 3 月 21 日这一天，中州古都洛阳夹马营一个军人家中，诞生了一个婴儿。这个婴儿出生时并没有什么特别之处。然而，由于他日后的地位，致使后来的史学家们总是不甘心把他说成是一个凡人，于是，在他们笔下，伴随着这个婴儿的出生，就呈现出异兆。相传，伴随着婴儿的出生，"赤光绕室，异香经宿不散，体有金色，三月不变"云云。

赵匡胤出生时，威赫数百年的大唐帝国已经消亡整整二十年了。一个平衡被打破，接踵而来的就是长久不息的动乱。开平元年（907 年），在唐末农民大起义和藩镇割据的军阀混战中起家的朱温，废掉已是有名无实的唐哀帝，在开封建立了后梁王朝。以此为标志，统一的唐帝国，形成了支离破碎的分裂局面，开始了历史上的五代十国时期。建立后梁王朝的朱温，并不满足于他眼下狭小的统治区域。顺利地篡唐膨胀了他统一天下的野心。而在他四周割据的军阀，也十分瞧不起这个实力并不大的暴发户，时刻觊觎着朱温统治的中原地区。于是，各种势力一直进行着你争我夺的厮杀。"攻城以战，杀人盈城，攻地以战，杀人盈野"。中原大地上又出现了三国时期曹操所描述的那种悲惨情形："白骨露于野，千里无鸡鸣。"社会经济遭受了严重破坏，黎民百姓蒙受了极大的苦难。在龙德三年（923 年），后梁终于被沙陀人李存勖攻灭，在这片废墟上，李存勖建立起了后唐。五代乱世，不但各个军阀势力之间互相进行着征伐攻掠，各个势力内部也不断上演着篡杀夺位的闹剧。后唐庄宗李存勖的皇位还没有坐上几年，就被他的养子李嗣源发动政变推翻。

也许是接受了前朝的教训，新上台的后唐明宗李嗣源暂时停止了对外征战。

他的这些做法，在几年内收到了一定的效果。史学家记载这一时期是"年谷屡丰，兵戈罕见，较于五代，粗为小康"。赵匡胤就诞生在这样一个乱世中暂时承平的时期。

赵匡胤出生在武人家庭。他父亲赵宏殷在后唐任飞捷指挥使，这是一个中级禁军头目。也许是因为处于承平时期，也许是因为篡位的明宗李嗣源把他视为庄宗的人，总之，赵宏殷的官运不佳，多年未得升迁。因此，赵匡胤的家庭，并没有为这位未来的天子安排一条锦绣前程，只是像一般的小康家庭那样，送他去读了几年书。然而，由于家世的熏陶，赵匡胤对舞刀弄枪很感兴趣，并摔打出一身的好武艺。赵匡胤可谓是武功第一的皇帝，自创太祖长拳，整套拳路演练起来，充分表现出北方的豪迈特性，为中国武术界六大名拳之一，他还发明了"大小盘龙棍"，就是后来的双节棍。随着年龄的增长，赵匡胤练就了一身武艺。同时他还是一个勤学的皇帝。在他幼年时，其父曾一度要他弃武学文，替他请了一位很有学问的先生，给他打下扎实的文化基础，使他懂得治国平天下的道理，而且养成了爱读书的习惯，据说他好学已达到了"手不释卷"的程度。

一晃几年过去了，赵匡胤已满21岁。作为武将的父亲，只是给他娶了一个袍泽的女儿，却不能为他今后的进身发迹想出更好的办法。颇有些冒险精神的赵匡胤，决心自己闯荡江湖，碰碰运气，于是在21岁这年，毅然告别了父母妻子，开始浪迹天涯。

赵匡胤沿黄河西行，到关陇（今陕西、甘肃）一带，即大唐崛起之地漫游，寻找风云际会的机缘，但一事无成。四处漂泊的赵匡胤，走到原州潘原县（今甘肃平凉东）时，已囊空如洗。他见一伙赌徒在赌博，便也参加进来，希望发一笔意外之财。果然，他赢了几注，但那群市井无赖欺负他是外乡人，竟群起围攻，赵匡胤寡不敌众，被打个鼻青脸肿，钱也被抢走了。

在关陇无望，赵匡胤就南下到了复州（今湖北沔阳），去投奔与他父亲有旧交的

马上皇帝——赵匡胤

防御使王彦超，但王彦超没有收留他，看在他父亲的面上，给了赵匡胤十贯钱，就把他给打发走了。赵匡胤又来到随州（今湖北随县），找刺史董宗本，他也是父亲的旧友。董宗本倒是把他收留下来。赵匡胤满以为有了一个安定的生活，舒了一口气。不料，与赵匡胤年纪相仿的董宗本的儿子董遵诲，却对穷困潦倒而寄人篱下的赵匡胤横加凌辱。赵匡胤感到在随州没什么出路，同时也咽不下这口气，就愤然辞别，又开始了漫游。

赵匡胤走到襄阳，投宿在一个寺庙。也许是由于南来北往的香客及过路人很多的缘故，寺庙的老和尚对天下大事颇知一二，就向茫然不知所向的赵匡胤说："我给你一点盘缠，你一直往北走，也许会交上好运。"此时，后汉刘知远称帝刚刚一年就病死了，年幼的后汉隐帝刘承祐即位，后汉统治集团内部各种矛盾加剧。军校赵思绾在长安发动兵变，联合凤翔节度使王景崇反叛，护国节度使李守贞也密结辽朝，自称秦王，在潼关反叛。三镇连叛，汴京震动。于是后汉隐帝急忙派枢密使郭威前去讨伐。在平定三镇叛乱的前后，郭威便招兵买马，扩充势力。襄阳寺庙的老和尚指点赵匡胤北去，正是要他去投奔正在邺都招兵买马（今河北大名东北）的郭威。

基于以前投奔王彦超和董宗本的坎坷遭遇，赵匡胤对这次投奔郭威也颇感前途未卜。一天，在路过归德（今河南商丘）的高辛庙时，他看到人们在占卜凶吉。穷困潦倒的人，更关心自己的命运。赵匡胤也走进庙中，给自己占卜一卦，一边默默祷告，一边占卜。漫游了一二年也没交上好运的赵匡胤，并不指望这次投靠郭威能出现什么奇迹。他先问能否当个小校，不吉。而后连问几个都是不吉。当问到能否当节度使时，占卜所显示的还是不吉。再往上就是天子了，赵匡胤有些急了，难道是做天子不成？他这样问。果然，命运像是同他开玩笑似的，这次占卜呈现出吉兆。赵匡胤得到的占卜结果，也许是一种偶然的巧合，但后来也被史学家说成是上应天命。不过，这对于心怀大志的赵匡胤来说，无疑是一针兴奋剂。尽管这种占卜结果目前还是可望而不可即，但它像是一粒种子，在赵匡胤的心中埋下。当后来他的势力强大时，这粒种子，就膨胀发芽了，充满了野心。

与天命无关，大凡胸怀大志之人，平时的谈吐也有不同于常人之处。历史上记载，汉高祖刘邦卑微时，在人群中围观威仪凛凛的秦始皇出巡时，就曾说过："嗟乎！大丈夫当如此也！"项羽看到这一场面时也说道："彼可取代之！"赵匡胤在漫游时，一天看到几个文人正对着初生的朝阳吟诗。听了听，感到这些诗人的诗尽管文辞华丽，但意味却很浅陋。于是，从来不喜欢吟风弄月的赵匡胤不禁随口吟了几句："太阳初出光赫赫，千山万山如火发；一轮顷刻上天衢，逐退群星与残月。"这几句诗果然气象不凡。看得出，只要有条件与机会，赵匡胤是有着扫平群雄、统一天下之志的。到了邺都，郭威把这个身强力壮、精通武艺的青年收了下来。

113

二、戎马生涯

平定三镇叛乱后，郭威坐拥重兵，足以左右朝廷。后汉隐帝为了巩固统治，先后杀死了权臣杨邠、史宏肇、王章，随即把刀锋转向了郭威，并密遣使者赴澶州杀害郭威。郭威被逼起兵，以清君侧的名义，渡过黄河向汴京进军。后汉隐帝无力抵抗，被乱兵杀死。郭威进入汴京，纵兵大掠。郭威请太后临朝听政，准备迎立刘知远的侄子武宁节度使即位。这时，边报辽兵南犯，郭威率领禁军北上抵御。行军途中，将士纷纷议论说："我们把京师攻陷了，每个人都有罪。如果刘氏复立，我们就没命了。"于是，军至澶州时，将士哗变，撕裂黄旗裹在郭威身上，拥立郭威为帝。郭威回师汴京，受禅即皇帝位，是为后周太祖。

赵匡胤作为军中的一员，由于命运所系，在拥立郭威这一事件中，表现得很突出，深得郭威赏识，提拔他为东西班行首，成为禁军军官。这次事件，给赵匡胤留下了深刻的印象。

两年后，郭威任命赵匡胤为滑州（今河南滑县东）副指挥使。还没去赴任，皇子柴荣被封为晋王，担任开封府尹。由于柴荣曾与赵匡胤同在军中，很了解他的勇武与才能，就要求把赵匡胤留在他的身边，并任命他为开封府马直军使，成为柴荣的潜邸官僚。这才是真正的风云际会，对赵匡胤一生的发展起到了决定性的作用。第二年，郭威病死，养子柴荣即位，是为周世宗。

周世宗即位不久，北汉联合契丹入侵。周世宗率领大军亲征，赵匡胤与禁军另一将领张永德领牙兵一千随行。两军在高平遭遇，后周骑兵将领樊爱能、何徽不战自溃，望风而逃，步兵也纷纷

解甲投降。周世宗只好率领亲兵督战。赵匡胤看到形势十分危急，振臂大呼："主上这样危险，我们还活着干什么！"并对张永德说："你手下的士兵长于射箭，尽快占领右翼制高点，我率兵从左翼包抄。国家安危，在此一举！"说罢，率兵从左翼冲入敌阵。北汉军队没有料到几乎败阵的后周军队的突然反扑，因而全军大溃。在这次战役中，赵匡胤表现了出色的指挥才能与勇敢精神，改变了战场的形势，后周军队转危为安，转败为胜。

高平战役后，赵匡胤被提拔为殿前都虞侯，领严州刺史。这次战役使周世宗痛感军纪不严，兵力不振，骄兵悍将，临阵溃逃，使他几乎陷入绝境。他决心彻底整顿军纪，首先他把樊爱能、何徽等七十多名临阵脱逃的将领斩首。继而又授权给他所欣赏的赵匡胤。对禁军裁汰老弱，精选强壮，大大整顿了一番，使后周禁军的战斗力大为增强。这次整军，为赵匡胤掌握禁军提供了机会，也为他以后整军积累了经验。

通过高平战役，使周世宗感到赵匡胤不只是一介武夫，仅有匹夫之勇，而是一个智勇双全，具有战略眼光的将才。这使赵匡胤深为周世宗所倚重。显德二年（955年），后周攻打蜀国秦、凤等州，但攻了很久都没有攻下来。周世宗不甘心师出无功，就派赵匡胤前去观察一下，能否打赢。赵匡胤到前线认真观察了战势，回来报告说可以获胜。果然不出一个月，就传回了捷报。

周世宗在进行内部改革的同时，也开始了统一天下的事业，赵匡胤在统一战争中建立了卓著的功勋。显德三年（956年），后周进攻南唐，久攻寿州不下。而淮水下游涂山驻扎着的一万多唐军则随时有可能包抄周军。周世宗派赵匡胤去解除这一威胁。赵匡胤在涡口设下伏兵，然后派一百多骑兵前去唐军营前挑战，佯败，且战且退，把唐军引入包围圈，打败唐军，杀死唐将何延锡，夺得战舰五十多艘，解除了周军围困寿州的后顾之忧，但唐军还随时有可能从滁州增援，在涡口破敌后，周世宗又派赵匡胤远道奔袭滁州。唐军皇甫晖拒之于清流关下，赵匡胤初战失利。他感到不能硬碰，必须智取，就密访当地人，怎样才能绕过清流关，直捣滁州。在当地人的指点下，赵匡胤率兵走后山小路，突然出现在滁州城下。皇甫晖大惊，慌忙退回州城，赵匡胤紧逼城下。皇甫晖说："人各为其主，愿从容成列而战。"赵匡胤应允。皇甫晖稍定惊魂，率兵复出，还未站稳，赵匡胤只身飞骑，突入敌阵，大吼一声："我要捉的是皇甫晖，其他人不是我的敌人！"皇甫晖一愣神，已被赵匡胤一剑砍在头上。一拥而上的周军活捉了受伤的皇甫晖，一举攻克了滁州。被俘后的皇甫晖对周世宗叹息道："臣非不忠于所事，但士卒勇怯不同耳，臣向日屡与契丹战，未尝见兵精于此。"盛赞赵匡胤的英勇。

在滁州，对于赵匡胤来说具有重要意义的是，他在这里结识了辅佐他将来创立北宋王朝的核心人物赵普。这意义无异于刘备结识了诸葛亮。史载赵普"少习吏事，以吏道闻"。在认识赵匡胤之前，他已"托迹诸侯十五年"。他到平定侯的滁州任军事判官，就是由于永兴节度使刘词临死前的举荐和后周宰相范质的提名。赵匡胤与赵普虽未有"隆中对"，但初次相见，赵普的一番谈话，已使赵匡胤感到这是一个重要谋臣。随后，赵普在滁州处理狱事，也使赵匡胤很钦佩。然而当时赵匡胤的地位还不可能将赵普收罗在身边。而赵普也没有轻视这个地位还不是很高的武将，凭他多年的经验，认准了这颗正在升起的新星。因此，他对病倒在滁州的赵匡胤的父亲赵宏殷，端茶送药，殷勤服侍，使赵宏殷深为感动，"待以宗分"。这使赵普与赵匡胤结下了很深的私交。所以八个月后，当赵匡胤被任命为同州节度使兼殿前都指挥使时，就立即上表把已经做了渭州军事判官的赵普要到身边做节度使推官，赵匡胤集团开始初步形成。

此时，赵匡胤作为一个军人，已由一名小校迅速成长为一员出色的武将。这除了其军人家庭给他的熏陶之外，主要还是他亲冒矢石、身经百战的锻炼。而且从小校到殿前都指挥使，从将兵到御将，也使他在原本具有的匹夫之勇和战术计谋之外，逐步锻炼得具有战略眼光。

赵匡胤战功卓著，迅速升迁。在任命为同州节度使不久，又因攻克寿州有功，改任为义成军节度使。一年后，因征淮南有功，又改任为忠武军节度使。同时他一直担任殿前都指挥使，握有禁军大权。

三、陈桥兵变

五代十国时期，烽火不熄，政局动荡不定。五十四年间，有八姓十四帝，平均每四年更换一个皇帝。这些皇帝的即位，多数是靠拥重兵夺得。如后梁太祖朱温，后唐庄宗李存勖的皇位都是靠多年血战夺得；后晋高祖石敬瑭是借契丹的兵力自立；后汉高祖刘知远是以河东节度使的身份乘乱称帝；后唐明宗李嗣源、末帝李从珂、后周太祖郭威的皇位，都是靠禁军夺得。所以，在这些人头脑中，已经没有什么君权神授的观念。燕王刘守光公然说："我地方二千里，带甲三十万，直作河北天子，谁能禁我！"安重荣说得更加直截了当："天子，兵强马壮者当之，宁有种乎！"整个五代十国，都是一种实力的角逐。谁有实力，谁兵强马壮，谁就可以实现野心。生活在这样一个时代，心怀异志的赵匡胤早已看透了这一点。

显德六年（959 年），周世宗亲征契丹时，在军中看到了一个奇怪的木牌，上面写着"点检为天子"五个字。这使周世宗疑心重重。不久周世宗在军中病倒，回到汴京。但是殿前都点检是周太祖郭威的女婿张永德，与周世宗辈分平等。而病中的周世宗想到皇位继承人是年仅 7 岁的皇长子柴宗训，自己死后，张永德辈分居上，手握重兵，可能会跋扈难制。于是就解除了张永德的军职，代之以他认为忠实可靠的大将赵匡胤。就这样，赵匡胤轻而易举地掌握禁军最高指挥权。

不久，后周世宗柴荣病死，7 岁的柴宗训即位。此时的赵匡胤也已从殿前都虞侯作到殿前都点检，掌军政已达六年，在军队中势力很大，威信很高。他不仅手握军权，还把一些重要将领拉拢到自己的身边，如与石守信、王审琦等人结成义社十兄弟。后周这种"主少国疑"的局面，自然为赵匡胤取代后周统治提供了极好的机会。对于赵匡胤势力的渐大，在周世宗在世的时候，已经有

一些人感到不安了，右拾遗杨徽之曾对周世宗说赵匡胤威望太高，不宜典禁军。在周世宗死后，韩通同赵匡胤一起掌握禁军，他的儿子也劝韩通寻找机会把赵匡胤除掉，韩通不听。于是郭威代汉一幕，不到十年又重演了。

显德七年（960 年）正月初一，忽然传来辽国联合北汉大举入侵镇、定二州的消息。当时主政的符太后乃一介女流，毫无主见，听说此事，茫然不知所措，最后屈尊求救于宰相范质，皇室威严荡然无存。范质暗思朝中大将唯赵匡胤才能解救危难，因此就派赵匡胤统帅禁军北征抵御契丹的进攻。不料赵匡胤却推脱说兵少将寡，不能出战。这种伎俩与九年前郭威代汉如出一辙，拙劣的模仿使赵匡胤的企图暴露无遗。范质只得委赵匡胤以最高军权，可以调动全国兵马。"司马昭之心，路人皆知"。京城中纷纷传说"出军之日，策点检为天子"，人们害怕因政局变动而遭受洗劫，争为逃匿之计。这件事只有内廷不知。

几天后，赵匡胤统率大军出了东京城(今河南开封)，行军至陈桥驿（今河南封丘东南陈桥镇）因天色已晚，就在那里驻扎下来。当时，大军刚离开不久，东京城内就起了一阵谣传，说赵匡胤将做天子，这个谣言不知是何人所传，但多数人不信，朝中文武百官也略知一二，谁也不敢相信，却慌作一团。赵匡胤此时虽不在朝中，但东京城内所发生的一切他都了如指掌，而且这也是他的杰作。周世宗在位时，他正是用此计使驸马张永德免去了殿前都点检的职务而由他接任。赵匡胤知道皇帝的心理，就怕自己的江山被人夺走，所以他们疑心很重。这次故伎重施，是为了造成朝廷的慌乱，并使他的军队除了绝对听命于他外别无他路。

当晚，赵匡胤的亲信便在将士中制造舆论："现在周帝幼小，不能亲政，我辈冒死为国家抵御外敌，又有谁知道！不如先立点检为天子，然后再北征也不晚。"五代十国以来，牙兵悍将动辄拥立主帅。因此，这些话果真把一些将士的情绪煽动起来，要求拥立赵匡胤。这时一直在幕后策划的赵匡胤的弟弟赵匡义（即后来的宋太宗赵光义）和归德军掌书记赵普走到前台，他们表面上劝将士们不要这样做。名为劝阻，实为激将。果然群情汹汹。赵普、赵匡义看到时机成熟，就派人连夜回到京城通知赵匡胤的把兄弟殿前都指挥使石守信和殿前都虞侯王审琦，让他们在京城策应。部署妥当，天已蒙蒙亮了。于是便演出了一场兵变的把戏。全副武装的将士团团围住赵匡胤的住处，把佯作不知的赵匡胤喊了出来，将士把象征皇权的黄袍加在赵匡胤身上，高呼万岁，拥立他为皇帝。

赵匡胤假意推辞，将士不允。作为将士，拥立主帅，这对周朝来说是大逆不道的。如果赵匡胤拒绝了，以后这些将士的性命也难保。而如果拥立成功，他们又成了开国有功之臣，所以，只要赵匡胤同意拥戴，这些将士对赵匡胤的话就自然是无所不从。赵匡胤抓住将士们的这种心理，就说："你们贪图富贵，立我为天子，如果你们肯听从我的命令，我就干，否则我不能干。"将士们异口同声地说我们听你的。于是，赵匡胤说："周少帝及太后是我们所侍奉的，朝中公卿大臣与我平起平坐，你们不能伤害他们。以前改朝换代，初入京城，皆纵兵大掠，你们不能这样做，事成之后，我会重赏你们，不听命者诛九族。"与将士们约法如此后，就整军回师京城。除了韩通想组织反叛被杀外，几乎是兵不血刃地成功进行了这次政变。

以和平的方式进行朝代更替，可以说是赵匡胤集团的既定策略。因为这样有利于稳定局势巩固统治，继续进行周世宗所未完成的内政改革和统一事业。在周世宗死后，能够继承其事业的，不是 7 岁的周少帝所能胜任的。各种实力与势力比较的结果，只能是赵匡胤，而不可能是别人，这便是历史的选择。

极为温和的禅位顺利地进行着，看上去似乎是仓促事变，但禅位诏书竟也有人事先准备好了。因为赵匡胤所领的归德军就在宋州（今河南商丘），所以定国号为"宋"。至此，大宋王朝在中国历史上诞生了。

当然，事情并不是一帆风顺的，诏令传布天下后，也并不是四

方臣服。后周开国功臣、镇守在潞州（今山西长治）的昭义节度使李筠素怀野心，首先起兵反抗。此后又有淮南节度使李重进反叛。然而，他们的实力都不足以同赵匡胤抗衡，赵匡胤率兵亲征，各个击破，在不到半年的时间里就将反叛平定了。

赵匡胤和平代周，客观上说，是有进步意义的。否则 7 岁的周少帝当政，不可能使周世宗未完成的事业继续进行，如果四周政权乘后周"主少国疑"进犯，中原势必又会重新陷入混乱。而赵匡胤代周，则保证了周世宗的各项改革措施与统一事业的继续进行和大步前进。

民间传说，在陈桥驿的时候，发生了这么一件事：

一天，元帅帐内，赵匡胤正一个人喝着酒，喝着喝着，他突然起身向掌书记赵普的营帐走去。来到赵普营帐，他随意看了一眼帐内，问道："赵大人，歇息得可好？"

"多谢将军关心。"赵普暗暗揣测着这位顶头上司深夜造访的含意。

赵匡胤谦虚地说道："我有一件事想请教大人。"

"将军请说，普一定知无不言。"赵普惶恐不安。

"我一直想不明白汉高祖刘邦本是一市井无赖，为什么却得了西汉两百年天下？"

"将军，刘邦本人并无特别才能，只是他手下有一批人本事很大，刘邦的成功是他驾驭人才的成功。"

赵匡胤诧异道："哦？你说刘邦手下有什么人才？我读书不多。"

赵普道："文有萧何、曹参；武有韩信、张良。"

赵匡胤道："萧何这名字倒挺熟悉的。"

赵普道："萧何乃刘邦手下第一大谋士，可以这么说，如果没有萧何，刘邦就得不到天下。"

赵匡胤看着赵普，突然发现了什么似的，嘴里连连说着"不错"，最后留下了一句"赵大人倒挺像萧何的"就走了。只剩下赵普还在苦苦地思索这句话的含义。

赵匡胤又接着来到了其弟赵匡义的营帐内。

赵匡义道："不知兄长驾到，可有何事？"

赵匡胤一脸无奈，叹道："近来东京城内谣言四起，说点检将做天子，这是满门抄斩之罪啊！为兄担心要连累弟弟了。"

赵匡义气愤地说道："这一定是有人陷害，咱们行得正，没什么可怕的！"

赵匡胤又叹了一声："唉，当今新主年幼，太后又是女流，只怕他们听信谗言，赵家就要多灾了。"

赵匡义看着兄长，一副欲言又止的样子。赵匡胤看在眼里，他说："你有什么话尽管说，难道还有比杀头更大的罪吗？"

赵匡义紧握双拳，大声说道："干脆反了吧！咱们在前方拼命，他们在朝中享福，不仅不发兵饷，还要疑来疑去。况且点检做天子也许是天意呢，我们不能逆天而行。"

赵匡胤变了脸色，一把握住宝剑怒道："住嘴！你怎能说出如此大逆不道的话来！想我们赵家世受皇恩，万万不能有此想法，今天我要替家祖杀了你这个忤逆的子孙！"

赵匡义急忙上前按住剑柄，说道："兄长，现在情况紧急，心软就是对自己残忍，况且咱们无辜受死，赵家就会绝后，你对得起九泉之下的父亲吗？"

赵匡胤听了此话，好像呆了一样，他突然面向北方跪了下来，道："先皇在上，臣赵匡胤一片忠心，日月可鉴，但是朝中大臣却不容我，我该怎么办啊？"

赵匡义扶起他兄长，说道："兄长放心，只要你点头答应了，余下的事就交给我去办，不会叫你为难的。各位将军都对你忠心耿耿。"

赵匡胤不置可否，他跌跌撞撞地走出营帐，回到自己帐里大喝好酒而睡。

当夜，军中起了一阵骚动，人人都在议论，军粮断绝，朝政被韩通把持拒不发饷。因主帅赵匡胤烂醉如泥，赵普提议各位将军一起召开紧急会议。

第二天，当赵匡胤还在睡梦中的时候，忽被一阵"万岁"声

惊醒，大将高怀德捧着黄袍，不由分说就披在了赵匡胤的身上，三军高呼万岁，响彻云霄。赵匡胤推辞再三，众人以死相胁，最后赵匡胤依刘邦故事约法三章，大军向东京进军。城内殿前都指挥使石守信，都虞侯王审琦早已恭候多时，此二人都是赵匡胤的心腹。接下来的事情正如上面所说，赵匡胤逼使恭帝禅位，轻易地夺取了后周政权，改国号为"宋"，建立了赵宋王朝。

这就是历史上有名的陈桥兵变。

马上皇帝——赵匡胤

127

四、建立宋朝

（一）初登大宝 转变形象

赵匡胤是个军人，他一生中的大部分时间都是戎马生涯。黄袍加身之后，他平定叛乱，征伐群雄，所进行的军事行动，包括"杯酒释兵权"这样的调整军事机构的做法，也是从军事角度来考虑如何巩固政权的。然而，从他登上皇位的那天起，他就已经开始了从军人向政治家的转变。这一方面是他自己的主观所为，另一方面也是整个北宋统治集团这样来要求他的。

最初，宋太祖同五代时期的许多军人一样，瞧不起文人儒生，崇尚的是武力。有一次，宋太祖与赵普路过朱雀门。宋太祖指着门上的牌匾问："为什么不直接叫'朱雀门'，中间加个'之'字有什么用？"赵普回答："之"是语助词。宋太祖轻蔑地笑了笑说："之乎者也，助得甚事！"由此可见，宋太祖从武将骤然当了皇帝，开始还保留着许多过去的习气。有一天，他在禁中后苑弹雀，正玩得起劲，有臣子称有事请求召见，他只好放下弹子去见，一问是一般政务。宋太祖很生气，就责问那人为什么谎称急事骗他，那人说："这事也比陛下弹雀要急。"宋太祖大怒，随手拿起身边的斧子，用斧柄向那人打去，打落了那人的两颗门牙。那人慢慢弯下腰，拾起牙齿放在口袋里。宋太祖问："你把打落的牙齿收起来，难道还想告我吗？"这话的确像个蛮不讲理的武夫所言。也许宋太祖此时在盛怒下忘却了自己的身份。但那人却从容回答说："臣不能讼陛下，自有史官书之。"这句话等于警戒赵匡胤，你做了皇帝也不能为所欲为。宋太祖的自我反省精神还是很强的，那人的这句话，使他意识到自己的身份，立刻堆下笑脸，赏赐了那人许多金帛。

还有一次，宋太祖到太庙祭祖，看见里面摆设有许多礼器，武人出身的赵匡胤，不认识这是些什么东西，就问："那是什么东西？"侍臣说是礼器。宋太祖说："我祖宗哪认识这些东西！"就命令撤掉，换上日常用的碗碟和家常便饭。祭祀结束后，宋太祖醒悟到，这已经不是普通老百姓的祭祀了，于是又令侍臣把那些撤掉的礼器重新摆上。

宋太祖赵匡胤时常反省自己的言行，这使他加速了从军人到政治家的转化过程，迅速适应了新的地位。有一天罢朝，宋太祖一直闷闷不乐，内侍问他为什么。他说："你以为天子那么好当吗？"早朝的时候，我由着性子办了一件事。现在想起来做错了，所以难过。

对宋太祖赵匡胤影响最大的，应当说还是辅佐他登上皇位的重要谋士赵普。赵普在赵匡胤登基之后的地位，虽然不像唐太宗手下的魏徵，但也是经常犯言直谏。有一次，他推荐某人可以为某官，宋太祖不同意。赵普第二天又提起那个人，宋太祖还是不同意。第三天赵普还推荐那个人，宋太祖大怒，抢过赵普的奏折，撕碎扔到地上。赵普脸不变色，跪下拾了起来，第二天把撕碎的奏折粘起来，继续推荐那个人。太祖拗不过赵普，终于同意了。还有一次，赵普提出了一个宋太祖很反感的人升官。宋太祖不同意，赵普仍坚持请求。宋太祖大怒，说道："我就不给他升官，你能怎么着我？"赵普严肃地说："刑赏，天下之刑赏，怎么能以陛下你一个人的喜怒来决定呢？"

当了皇帝的赵匡胤，逐渐明白了，天下由马上得之，却不能以马上守之。在太平的岁月中，统治集团中文人儒士显示出越来越大的作用，使得宋太祖不止一次感慨地说："宰相须用读书人！"从自身的体验出发，赵匡胤对臣子说："今之武臣，亦当使其读书，欲其知为治之道也。"

（二）杯酒释兵权

赵匡胤虽然登上了皇帝宝座，但他却不敢高枕无忧。即位后不出半年，就有两个节度使起兵反对宋朝。宋太祖亲自出征，费了很大劲儿，才把他们平定。为了这件事，宋太祖心里总不大踏实。他深刻地认识到，武将们在废立皇帝、改朝换代方面有着非常大的能量。是啊，他自己既然可以以武将的身份和实力去推翻国君，其他将领不也可以用同样的方式来推翻他吗？想到这里，他不寒而栗。尤其使他感到威胁的是一些声望较高又握有重兵的大将。为了防患于未然，赵匡胤决计拿他们开刀。

有一次，他单独找赵普谈话，问他说："自从唐朝末年以来，换了五个朝代，没完没了地打仗，不知道死了多少老百姓。这到底是什么道理？"

赵普说："道理很简单。国家混乱，毛病就出在藩镇权力太大。如果把兵权集中到朝廷，天下自然太平无事了。"

宋太祖连连点头，赞赏赵普说得好。

后来，赵普又对宋太祖说："禁军大将石守信、王审琦两人，兵权太大，还是把他们调离禁军为好。"

宋太祖说："你放心，这两人是我的老朋友，不会反对我。"

赵普说："我并不担心他们叛变。但是据我看，这两个人没有统帅的才能，管不住下面的将士。有朝一日，下面的人闹起事来，只怕他们也身不由己呀！"

宋太祖敲敲自己的额角说："亏得你提醒一下。"

于是，太祖废除了殿前都点检一职，接着就导演了一出"杯酒释兵权"的喜剧。一天，宋太祖在宫里举行宴会，请石守信、王审琦等几位老将喝酒。酒过几巡，宋太祖命令在旁侍候的太监退出。他拿起一杯酒，先请大家干了杯，说："我要不是有你们帮助，也不会有现在这个地位。但是你们哪儿知道，做皇帝也有很大难处，还不如做个节度使自在。不瞒各位说，这一年来，我就没有一夜睡过安稳觉。"

石守信等人听了十分惊奇，连忙问这是什么缘故。宋太祖说："这还不明白？皇帝这个位子，谁不眼红呀？"

石守信等听出话音来了。大家着了慌，跪在地上说："陛下为什么说这样的话？现在天下已经安定了，谁还敢对陛下三心二意？"

马上皇帝——赵匡胤

宋太祖摇摇头说："对你们几位我还信不过？只怕你们的部下将士当中，有人贪图富贵，把黄袍披在你们身上。你们想不干，能行吗？"

石守信等听到这里，感到大祸临头，连连磕头，含着眼泪说："我们都是粗人，没想到这一点，请陛下指引一条出路。"

宋太祖说："我替你们着想，你们不如把兵权交出来，到地方上去做个闲官，买点田产房屋，给子孙留点家业，快快活活度个晚年。我和你们结为亲家，彼此毫无猜疑，不是更好吗？"

石守信等齐声说："陛下想得太周到啦！"

酒席一散，大家各自回家。第二天上朝，每人都递上一份奏章，说自己年老多病，请求辞职。宋太祖马上照准，收回他们的兵权，赏给他们一大笔财物，打发他们到各地去做节度使。在解除石守信等宿将的兵权后，太祖另选一些资历浅，个人威望不高，容易控制的人担任禁军将领。禁军领兵权析而为三，以名位较低的将领掌握三衙，这就意味着皇权对军队控制的加强，以后宋太祖还兑现了与禁军高级将领联姻的诺言，把守寡的妹妹嫁给高怀德，后来又把女儿嫁给石守信和王审琦的儿子。张令铎的女儿则嫁给太祖三弟赵光美。

历史上把这件事称为"杯酒释兵权"。969 年，又有一些节度使到京城来朝见。宋太祖在御花园举行宴会。太祖说："你们都是国家老臣，现在藩镇的事务那么繁忙，还要你们干这种苦差，我真过意不去！"

有个乖巧的节度使马上接口说："我本来没什么功劳，留在这个位子上也不合适，希望陛下让我告老回乡。"

也有个节度使不知趣，唠唠叨叨地把自己的经历夸说了一番，说自己立过多少多少功劳。宋太祖听了，直皱眉头，说："这都是陈年老账了，尽提它干什么？"

宋太祖收回地方将领的兵权以后，建立了新的军事制度，从地方军队挑选出精兵，编成禁军，由皇帝直接控制；各地行政长官也由朝廷委派。通过这些措施，新建立的北宋王朝开始稳定下来。

宋太祖的做法后来一直为其后辈沿用，主要是为了防止兵变，但这样一来，兵不知将，将不知兵，能调动军队的不能直接带兵，能直接带兵的又不能调动军队，虽然成功地防止了军队的政变，却削弱了部队的作战能力，以致后来宋朝在与辽、金、西夏的战争中，连连败北。

（三）统一全国

宋太祖初步巩固了内部，但他并不能安枕，他对赵普说："吾睡不能着，一榻之外，皆是他人家也。"宋太祖懂得，对他这个新生政权的威胁，不仅来自内部，而且还来自外部。后梁被后唐几十年血战攻灭的近代史不断提醒宋太祖，而后周世宗南征北战开拓疆土带来的大好形势也鼓舞着宋太祖。他决心扫灭群雄，改变分裂的局面，统一天下。在当时，中原最有条件，力能胜任统一全国的，只有宋王朝。其他各国基本上都是已经偏安多年，统治腐朽，内乱频仍。而宋王朝建立之前，周世宗内革弊政，外拓疆土，经济军事力量日益强盛，非他国可比。赵匡胤代周，也继承了这样一个大好的局面。因此，自然要把周世宗未完成的事业进行下去。

然而，宋朝建国之初，所统治的地方只有黄河、淮河流域一带，宋朝北面有北汉和契丹，西面有后蜀，南面有南唐、吴越、荆南、湖南、南汉各国，每一个国家都有独立的势力，而且他们也都在窥视宋朝的态度。在此虎视眈眈的情况下，使宋朝不能高枕无忧，必须把这些小国或外族，消灭或制伏，才能完成天下的统一，奠立宋朝国基。

在一个大雪纷飞的夜晚，赵匡胤叩响了宰相赵普府邸的大门，赵普开门一看，宋太祖立于风雪之中。赵普慌忙把宋太祖迎了进来。不久，赵匡义也应宋太祖之约来了。这三个赵匡胤集团的核心人物，坐在堂中，围着红红的炭火，吃着烤肉。赵普的妻子给他们斟酒，宋太祖也以大嫂相称，君臣亲密无间，仿佛又回到了赵匡胤未即位以前的岁月。

赵普问道："夜深天冷的，陛下为什么还出来？"

赵匡胤："我睡不着啊！一榻之外，都是别人家的天下，所以特地来见见你。"

赵普："陛下是否觉得自己的天下过于狭小？南征北伐，一统天下，现在是极好的时机，不知陛下在进军方向问题上是怎样考虑的。"

赵匡胤故意说："我想先攻打北汉国都太原。"

赵普分析道："北汉有契丹为后援，攻之有害无利。况且北汉挡西北两面，太原如果被我们攻下，那么西北两面，就要我们独挡。即使灭亡了北汉，又要独自承担契丹的强大压力，倒不如先保存北汉，作为阻隔契丹的屏蔽，集中力量翦灭南方各国，等削平了各国之后，则北汉弹丸之地，还能逃到哪里去呢？"太祖笑了笑说："我也正是这样想的，不过想试探一下你的意思。"宋太祖的设想也曾与其弟赵匡义谈过："中国自五代以来，兵连祸结，帑藏空虚，必先取巴蜀，次及广南、江南，即国用富饶矣。河东与契丹接境，若取之，则契丹之患，我当之也。姑存之，以为我屏障。"王朴旧策的启示，赵普的见解，使赵匡胤最后确定了"先南后北""先易后难"的战略方针，这件事，就是历史上著名的"雪夜定策"。

1. 征讨荆南

战略方针确定后，宋太祖准备征伐的第一个目标就是高继冲盘踞的荆南。荆南的军事力量比较薄弱，但战略位置却很重要。这里南通长沙，东距建康，西接巴蜀，是宋太祖西征南下的要冲。宋太祖派人出使荆南时，就对使者说："江陵人情取就，山川向背，我尽欲知之。"使者回来说，荆南兵力不强，民困暴敛，很容易攻取。尽管如此，宋太祖还是想出师有名。恰巧，机会来了。割据湖南的武平节度使周行逢病死，其 11 岁的儿子周保权袭位，大将张文表不服而反叛。周保权一面派兵抵抗，一面向宋王朝求援。于是，宋太祖就决定借道荆南，名义上是援助湖南周保权，实则一箭双雕，乘机灭掉这两个政权。宋太祖派遣的慕容延钊率领的大军几乎没遇到什么大的抵抗，就先后灭掉了荆南、湖南两个割据政权。

2. 平定后蜀

接着，宋太祖又以西蜀勾结北汉伐宋为名，于乾德二年(964年)十一月初二，发兵五万，分两路攻蜀：令王全斌、崔彦进为西川行管凤州路正、副都部署，王仁赡为都监，率北路步骑兵三万出凤州(今陕西凤县东北)，沿嘉陵江南下；令刘光义为归州路副都部署，曹彬为都监，率东路步骑兵两万出归州(今湖北秭归)，溯江而上。两路分进合击，直指成都。赵匡胤利用蜀降将赵彦韬提供的情报，针对巴蜀有嘉陵江、长江直贯南北、东西的地形特点和蜀军防务上兵力不足的弱点，采取东、北两路沿长江、嘉陵江分进合击的部署。刘光义在夔州，针对蜀军锁江设防，水强陆弱的情况，适时舍舟登岸，先夺取两岸，然后水陆配合，一举突破蜀军利用浮梁所组织的防御要点，接着沿长江长驱直入。北路主将王全斌善于迂回、夹击，避坚击罅，迅速地攻占利州。又用奇兵出至敌后，因而能较快地突破剑阁险隘，在东路军的配合下直逼成都。乾德三年正月初七，孟昶见大势已去，出城投降，后蜀亡。

3. 攻取南汉

当年南汉以广州为中心，割据岭南两广地区达六十年之久。北宋平定后蜀后，潘美等宋将就趁机攻取了南汉的郴州，形成了良好的进攻态势。

这一年，潘美等接到宋太祖灭亡南汉的指示后，很快就攻陷了贺州，随之连克昭、杜、连、韶四州，大败南汉军十余万军队于莲花峰下。至次年二月，即攻克广州，南汉灭亡。

南汉灭亡之后，南方剩下的最后三个割据政权个个自危，震恐异常。势力最强大的南唐皇帝李煜这时也不得不主动要求取消国号，放弃皇帝的称号，改称"江南国主"。另外两个割据政权吴越和漳泉早就上表称臣，接受宋朝的官职。

4. 征服江南

开宝四年(971年)二月，宋灭南汉之后，从北、西、南三面对南唐形成战略包围。宋太祖志在统一江南，认为"卧榻之侧，岂容他人鼾睡"，绝不允许南唐存在下去。经过三年的准备，开宝七年(974年)十月，宋太祖令曹彬

135

为统帅、潘美为都监，率水、步、骑兵在采石一线强行渡江，进围金陵；同时令吴越国主钱俶统率吴越军五万，由宋将丁德裕监军，从东面攻取长州，然后会师金陵；令王明为西路军，向武昌方向进击，牵制屯驻在江西的南唐军队，使其无法东下援救金陵。

十一月中旬，宋军依照樊若水的图示在采石用预先造好的战舰架设浮桥获得成功，其主力部队通过浮桥，顺利跨过了长江天堑，大败南唐水陆兵十余万于秦淮，直逼金陵城下。与此同时，钱俶率兵攻克了长州、江阴、润州，形成了对金陵的外线包围，金陵成了一座孤城。十一月二十七日，在李煜仍不投降的情况下，宋军发起总攻，金陵城破，李煜做了俘虏。

灭南唐是宋太祖统一南方的最后一仗，也是当时最大的一次江河作战。这次战争中的"浮桥渡江""围城打援"，是宋太祖战略部署中的得意之举，也是古代战争史上的创举。

5. 北征失败

宋朝南征，几乎没费什么力气就平定了。但宋太祖念念不忘的是恢复汉唐旧疆，平定北汉，收复燕云十六州。开宝二年九月，宋太祖派李继勋率兵攻北汉，因契丹军来援，无功而返。十月太祖亲征北汉。宋军筑长连城围攻太原，北汉大将杨继业（即杨业，杨老令公）出城进犯宋东西砦，败还，辽军分两路援救北汉，一路自石岭关入，为宋军败于阳曲。后来，太原城水灾，城中惊恐，大臣郭无欲谋降宋，被杀，契丹再派兵驰援北汉，太原得以保住。宋军则因屯兵太原城下，久攻不克，损兵折将，又因暑雨，士卒多病，遂班师。太祖共在开宝元年、二年、九年三次攻打北汉，均因辽军来援，屯兵太原城，久攻不克而还。

此志未酬，宋太祖把平定江南诸国所得的金帛运回汴京，建立了封桩库，准备贮满五百万之后，向契丹国赎回燕云十六州，如果契丹不肯，就用这笔钱作为军费，兵戎相见。终太祖之世，除北汉外，基本上结束了延续几十年的分裂局面，中原和南方广大地区实现了"天下一家"。扫平群雄，也应了宋太祖早年吟诵的"逐退群星与残月"的雄心壮志。宋朝统一事业的胜利，除了宋太祖个人的杰出能力之外，更重要的是统一是"分久必合"的大势所趋，人心所向。

（四）完善内政

1. 强干弱枝

从唐朝中叶以来，形成了地方藩镇权势过大的局面，他们常常割据一方，乃至进行武装叛乱，给朝廷造成了严重的威胁。在宋王朝建立之后，赵匡胤依据宰相赵普提出的"削夺其权，制其钱谷，收其精兵"的十二字方针，分别从政权、财权、军队这三个方面来削弱藩镇，以达到强干弱枝、居重驭轻的目的。

在"削夺其权"方面，赵匡胤陆续派遣文官到地方州郡担任长官，以取代跋扈难制的军人；并在知州之外设立通判，令两者共掌政权，互相牵制，分散和削弱了地方长官的权力。在"制其钱谷"方面，赵匡胤设置转运使来管理地方财政，并规定，各州的赋税收入除留下正常的经费开支外，其余的一律送交京师，不得擅留。这样，既增加了中央的财政收入，又使地方无法拥有对抗中央的物质基础。在"收其精兵"方面，赵匡胤将厢军、乡兵等地方军中的精锐将士，统统抽调到中央禁军，使禁军人数扩充到几十万，而地方部队只剩下一些老弱兵员，只能充当杂役，缺乏作战能力，根本无法和中央禁军抗衡，这就摧毁了地方反抗中央的军事基础。

太祖通过对藩镇权力的剥夺，对武臣的压抑，改变了五代时期藩镇割据、朝廷寡弱、武人跋扈、文臣无权的状况，提高了中央的权威。在中央内部，太祖又着手分割宰臣的权力，为宰相设置了副相参知政事，来分散和牵掣宰相权力，宰相和参知政事统称为执政，而军政归于枢密院，其长官叫枢密使，枢密院与执政合称"二府"，财政大权另归于三司，其长官叫三司使，号称"计相"，这三者地位都差不多，都直属于皇帝。通过对相权的分割，防止了大臣专权的局面，太祖就曾直言不讳地当面对宰相赵普说："国家大事可不是你们书生说了算的。"说明宋代君主独裁体制得到了空前的巩固和加强。这些

措施结束了唐朝中叶以来的藩镇割据局面，维护了国家的统一，促进了社会经济发展，但这些措施也使得官员增多，开支增大，权力互相钳制、地方实力削弱，日后埋下了积贫积弱的种子。

2. 改革制度

宋太祖是个十分有志气的皇帝，一天早晨，文武大臣都一个个汇报自己的工作，接着退到殿外。走在最后的是后周老宰相范质，他现在仍是宰相。当范质快要走出殿门时，宋太祖突然传话，范老爱卿，请稍稍留步，朕有一事与你相商。听到传话，范质转过身走回到殿上，重新坐回自己的宰相之座。

原来，在中国古代宰相的地位是很高的，可以和皇帝坐着说话。人们常说宰相是一人之下，万民之上的官儿，就是皇帝对宰相也是很尊重的，也得礼让三分。因此在上朝君臣议事的时候，宰相可以坐着跟皇帝说话，而其他官员只能够站着。

范质坐下来以后，宋太祖递给他一份大臣汇报的奏折，范爱卿，你看这事如何解决才好？范质接过奏折仔细看了起来。这时宋太祖从龙椅上站了起来，向后宫走去。宰相范质看完奏折后，心里已经想好解决的方法，可是，左等不见皇帝出来，右等也不见皇帝出来，范质实在等不住了，就起身去找皇帝。这时，宋太祖走了出来，范质连忙坐下，可是回头一看，椅子没有了。原来，趁范质起身不注意时，身边的侍卫悄悄把椅子拿走了。

范质不知道如何是好，只得站着和宋太祖说话。以后上朝时，宰相也和其他大臣一样只能站着和皇帝说话，这一制度后来为各朝所沿用。

3. 加强中央集权

宋太祖在赵普等大臣的协助下，制定了一系列重文轻武的政策和加强中央集权的措施。

宋太祖把改革军事机构的原则与经验，也应用到改革政治经济制度上来。总的说就是内外相制，上下相维，最终集权于中央，集权于君主一人。

在中央，宋太祖实行政务、财务、军务分立的制度。以中书门下平章事为

中国古代开国皇帝

宰相，同时设参知政事为宰相之副，既协助宰相处理政务，又可以防止宰相专权。设三司使主持财务，号称计相。沿五代制，由枢密使负责军政。在地方实行州县二级制，州长官称知州，以朝官充任，并规定不得兼任一州以上职务，还经常调整。以文臣知州事，是为了防止武将掌握政权的局面出现，把政权从武人手里收归中央，并在知州之外又设通判，互相牵制。在州县之上，又将全国分为十五路，相当于监察区。每路设官也分权，设有帅司（安抚使）、漕司（转运使）、宪司（提点刑狱），仓司（提举常平）。

宋太祖以和平方式禅代后周，后周的官员基本上全部留任了。这在一定时期内有助于稳定政局，但这并非是长久之计，宋太祖在保留原有官名的基础上，"别为差遣以治内外之事"。这实际上就逐渐剥夺了原来留任官员的实际权力。把原来的官名作为官员品位禄秩的标志，差遣才是实职。如中书令，侍中等是官名，而只有带同中书门下平章事、参知政事等差遣，才是实际上的宰相、副宰相。用差遣任官，给人以一种临时性质的感觉，也同样有防止官员专权的意义。

在财政上，宋太祖削夺了地方的财政权。五代以来，地方财权都掌握在节度使手中。宋太祖在乾德三年开始设置转运使来管理地方财政，要求诸州度支经费外，财政收入一律运送京师，不得擅留。这样，既保证了中央财政收入，又断绝了地方上藩镇兴起的经济基础。

为了保证新建立的各项制度的实行，赵匡胤建立了一套强有力的监察制度。御史谏官必须由皇帝亲自选拔，宰相大臣不得干预。台谏的职责，本来包括向皇帝进谏。但从宋代开始，却成了天子的法官，督察各级官员的工具。

为了扩大统治基础，宋太祖不但恢复了科举制度，还把殿试制度固定化。他亲自招试士子，禁止及第人对知举官称"恩门"，自己称为"门生"，而使他们都成为"天子门生"。除了以科举选拔人才外，宋太祖平时也留意人才，司马光曾说，宋太祖"知人善任，擢用英俊，不问资级。察内外官

馬上皇帝——赵匡胤

有一材一行可取者，密记籍记之。每一官缺，则披籍选用焉"。

宋太祖赵匡胤从个人品质上看，基本上是一个气度豁达的忠厚长者。他当了皇帝之后，赵普多次劝他报复那些过去对他不好的人。宋太祖说："不能那样做，那时候人们哪知道谁是天子宰相！"赵匡胤这样说的，也是这样做的。宋太祖早年浪迹天涯的时候，在董宗本那里曾受过其子董遵诲的欺辱。宋太祖即位后，董遵诲十分惶恐，董遵诲的部下也乘机上诉其不法之事。宋太祖召见他，他以为必死无疑，这时宋太祖却说："不要害怕，我怎么能念旧恶呢？"于是对他委以重任，并且还把他陷于辽朝幽州的母亲用重金赎了回来。

4. 发展生产

曾经流浪的痛苦经历，使赵匡胤对老百姓的苦难有切身的体会，因此对民生问题十分关注。当天下初定的时候，他马上就实行了宽减徭役的政策，以便农民休养生息，发展生产。961年，他明令免除各道州府征用平民充当劳役，改用军卒担任。第二年，又免除征民搬运戍军衣物的劳役。若州县不遵令行，百姓可以检举。在五代之乱后，连年的战乱使田地荒芜严重，土地是立国之本，因此赵匡胤下令，凡是新垦土地一律不征税，凡是垦荒成绩突出的州县官吏给予奖励，管辖区内田畴荒芜面积超过一定亩数的，要给予处罚。赵匡胤刚当皇帝仅仅两年，就下令在黄河沿岸修堤筑坝，并大量种树，以做防洪时用。其后多次就黄河的治理下达最高指示，例如在建隆三年（962年），赵匡胤下诏说："沿黄、汴河州县长吏，每岁首令地分兵种榆柳，以壮堤防。"每年的正月、二月、三月，是黄河堤坝的例修期，年年都会加固维修，加固了堤坝还绿化了环境，两全其美。

（五）简朴生活

史载，宋太祖的日常生活很朴素，常常穿着旧衣服，乘坐的车子及穿的衣服多是素色，宫中也没有华丽的装饰。有一次，他发现他的三个女儿穿着用翠鸟羽毛装饰的衣服，就说："今后你们不要再穿这种衣服了。"公主们不以为然地说："这一件衣服才用多少翠羽。"宋太祖说："不是因为这一件衣服，因为你穿一件，宫内宫外就会争相效仿，翠羽的价格昂贵，有的人就会乘机倒卖害民。你生活于富贵之中，要知道惜福。"公主们看到宋太祖的车子很普通，就问："你做了天子，难道还不能用黄金装饰车子吗？"宋太祖严肃地说："我以四海之富，就是把宫殿全用金银装饰起来也办得到。但我是为天下守财，哪能妄用！古语说：以一人治天下，不是以天下侍奉一个人。"宋太祖对自己的地位有着较为清醒的认识，也是颇为难能可贵的。

除此之外，宋太祖的饮食也都很简单，虽然对自己的家人较约束，但绝非吝啬之人，他曾在一些工程上花下大笔费用，对于投降的各国国君也给予优厚的待遇。自己的私生活严谨简朴，对于该花费的地方，却是十分慷慨，这是历代皇帝中较少见的。

马上皇帝——赵匡胤

马上皇帝——赵匡胤

岐咸写于西湖之泛中流

五、猝死之谜

（一）烛影斧声

根据记载，开宝九年（976年）十月十九日夜，赵匡胤病重，宋皇后派亲信王继恩召其子赵德芳进宫，以便安排后事。宋太祖二弟赵匡义早已窥伺帝位，收买王继恩为心腹，当他得知太祖病重后，便与亲信程玄德在晋王府通宵等待消息，王继恩奉诏后并未去召太祖的次子赵德芳，而是直接去通知赵光义。赵光义立即进宫，入宫后不等通报径自进入太祖的寝殿。王继恩回宫，宋皇后问："德芳来耶？"王继恩却说："晋王至矣。"宋皇后见赵光义已到，大吃一惊！知道事有变故，而且已经无法挽回，只得以对皇帝称呼之一的"官家"称呼赵光义。乞求道："吾母子之命，皆托于官家。"赵光义答以："共保富贵，勿忧也！"史载，赵光义进入宋太祖寝殿后，"但遥见烛影下太宗时或避席"，以及"柱斧戳雪"之声。赵匡胤随后去世。二十一日晨，赵光义就在灵柩前即位，改元太平兴国。

这个事件由于没有第三人在场，因此一直以来都有赵匡义弑兄登基的传说，但是无法证实，成了千古疑案。《宋史·太祖本纪》上只简略地记载："癸丑夕，帝崩于万岁殿，年五十，殡于殿西阶。"文莹《续湘山野录》记载："上御太清阁四望气。俄而阴霾四起，天气陡变，雪雹骤降，移仗下阁。急传宫钥开端门，召开封王，即太宗也。延人大寝，酌酒对饮。宦官、宫妾悉屏之，但遥见烛影下，太宗时或避席，有不可胜之状。饮讫，禁漏三鼓，殿雪已数寸，帝引柱斧戳雪，顾太宗曰：'好做，好做！'遂解带就寝，鼻息如雷霆。是夕，太宗留宿禁内，将五鼓，伺庐者寂无所闻，帝已崩矣。太宗受遗诏于柩前即位。"

司马光《涑水纪闻》的记载则极力为宋太宗辩解。据《涑水纪闻》记载，宋太祖驾崩，已是四鼓

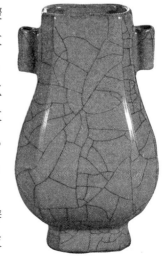

马上皇帝——赵匡胤

时分，宋皇后派内侍王继恩召秦王赵德芳入宫，但王继恩却往开封府召赵光义，晋王的亲信左衙程德玄已在门口等候。赵光义闻后大惊，说"吾当与家人议之"。王继恩劝他赶快行动，以防他人捷足先登，赵光义便与王继恩、程德玄三人于雪地步行进宫。据此，宋太祖死时，太宗当时不在寝殿，不可能-"弑兄"。

一种意见是，宋太宗"弑兄夺位"。持此说的人以《续湘山野录》所载为依据，认为宋太祖是在烛影斧声中突然死去的，而宋太宗当晚又留宿于禁中，次日便在灵柩前即位，难脱弑兄之嫌。蔡东藩《宋史通俗演义》和李逸侯《宋宫十八朝演义》都沿袭了上述说法，并加以渲染，增添了许多宋太宗"弑兄"的细节。另一种意见认为，宋太祖的死与宋太宗无关，持此说的人引用司马光《涑水纪闻》的记载为宋太宗辩解开脱。据《涑水纪闻》记载，宋太祖驾崩后，已是四鼓时分，孝章宋后派人召太祖的儿子秦王赵德芳入宫，但使者却径趋开封府召赵光义。赵光义大惊，犹豫不敢前行，经使者催促，才于雪下步行进宫。据此，太祖死时，太宗并不在寝殿，因而不可能"弑兄"。毕沅《续资治通鉴》即力主这一说法。还有一种意见，虽没有肯定宋太宗就是弑兄的凶手，但认为他无法开脱抢先夺位的嫌疑。在赵光义即位的过程中确实存在一系列的反常现象，即据《涑水纪闻》所载，宋后召的是秦王赵德芳，而赵光义却抢先进宫，造成既成事实。宋后女流，见无回天之力，只得向他口呼"官家"了。《宋史·太宗本纪》也曾提出一串疑问：太宗即位后，为什么不照嗣统即位次年改元的惯例，急急忙忙将只剩两个月的开宝九年改为太平兴国元年？既然杜太后有"皇位传弟"的遗诏，太宗为何要一再迫害自己的弟弟赵廷美（赵光美），使他郁郁而死？太宗即位后，太祖的次子武功郡王赵德昭为何自杀？太宗曾加封皇嫂宋后为"开宝皇后"，但她死后，为什么不按皇后的礼仪治丧？上述迹象表明，宋太宗即位是非正常继统，后人怎么会不提出疑义呢？

近世学术界基本上肯定宋太祖确实死于非命，但有关具体的死因，则又有一些新的说法。一是从医学的角度出发，认为太祖死于家族遗传的躁狂忧郁症。

一说承认太祖与太宗之间有较深的矛盾，但认为"烛影斧声"事件只是一次偶然性的突发事件。其起因是太宗趁太祖熟睡之际，调戏其宠姬花蕊夫人，被太祖发觉而怒斥之。太宗自知无法取得胞兄谅宥，便下了毒手。纵观古今诸说，似乎都论之有据，言之成理，然而有关宋太祖之死，目前仍未找到确凿无疑的材料。

（二）金匮之盟

太祖之死，蹊跷离奇，但太宗抢在德芳之前登极却是事实。太宗的即位也就留下了许多令人不解的疑团，因此，历来便有太宗毒死太祖之说。太祖本人身体健康，从他生病到死亡，只有短短两三天，可知太祖是猝死的，而光义似乎知道太祖的死期，不然他不会让亲信程德玄在府外等候。

太祖不明不白地死后，太宗为了显示其即位的合法性，便抛出了其母杜太后遗命的说法，即所谓的"金匮之盟"。杜太后临终之际，召赵普入宫记录遗命。据说当时太祖也在场。杜太后问太祖何以能得天下，太祖说是祖宗和太后的恩德与福荫，太后却说："你想错了，若非周世宗传位幼子，使得主少国疑，你怎能取得天下？你当吸取教训，他日帝位先传光义，光义再传光美，光美传于德昭，如此，则国有长君，乃是社稷之幸。"太祖泣拜接受教训。杜太后便让赵普将遗命写为誓书，藏于金匮之中。

然而，由于年代久远，"金匮之盟"的重重迷雾也未能揭开，后人推测是太宗和赵普杜撰出来以掩人耳目的。那么，到底太祖是否有传位光义之意呢？据说太祖每次出征或外出，都让光义留守都城，而对于军国大事光义都参与预谋和决策。太祖曾一度想建都洛阳，群臣相谏，太祖不听，光义亲自陈说其中利害，才使得太祖改变主意。光义曾患病，太祖亲自去探望，还亲手为其烧艾草治病，光义若觉疼痛，太祖便在自己身上试验以观药效，手足情深，颇令人感动。太祖还对人说："光义龙行虎步，出生时有异象，将来必定是太平天子，福德所至，就连我也比不上。"有人便以此推测太祖是准备将皇位传给弟弟光义的。但是，这样的说法也经不住推敲，无非是后人的臆测而已。

马上皇帝——赵匡胤

六、历史评价

　　宋太祖赵匡胤以一介武夫，崛起于乱世之中。他仿效后周太祖郭威，以兵变的形式，黄袍加身，登上帝位。而后继承了周世宗的统一事业，南征北讨，统一天下，顺应了历史发展的必然趋势，结束了从唐中期就开始的二百多年的分裂局面，使四分五裂的华夏大地重新统一，开始了中华民族历史上的一个新的时期。宋代，是中国封建社会历史上空前繁荣的时期，在中华民族为世界文明贡献的四大发明中，就有火药、指南针、活字印刷术成熟于宋代。就赵匡胤本人来说，从士兵到元帅，一生的大部分时间是在打仗。他首先是一个杰出的军事家。他登上帝位后，尽管不少精力还倾注在统一战争上，但地位的变化，已使他开始了军人到政治家的转变。在他生命结束之时，基本上可以说是完成了这一转变。他草创的许多祖宗之法，为宋王朝的昌盛发展创造了条件，当然，也带来了不少弊端。他很想做唐太宗，但"烛影斧声"使他不假天年，正当大有作为之时便离开了人世。他的一生以武功居多，但他却扭转了近百年来的重武轻文之风。"唐宗宋祖，稍逊风骚"。在中国封建社会的史册上，宋太祖可以说是一为数不多的杰出帝王。

马上皇帝——赵匡胤

149

和尚皇帝——朱元璋

　　明太祖朱元璋是明朝的开国皇帝，也是继汉高祖刘邦以来第二位平民出身并且统一全国的君主。他幼时曾为地主放牛，后来出家为僧。25岁时参加红巾军反抗元朝暴政。在扫平元的残余势力后，朱元璋于南京称帝，国号大明，年号洪武。朱元璋在位期间，为了缓和各种矛盾，实行了一系列有利于社会前进的政策，在政治、经济、军事、思想等方面大力加强君主专制的中央集权统治，是中国历史上最富传奇色彩也最具争议的皇帝之一。

一、早年生活

明太祖朱元璋是明朝的开国皇帝，也是继汉高祖刘邦以来第二位平民出身并且统一全国的君主。

元朝天顺帝天顺元年（1328年）九月十八日朱元璋出生在淮北一个贫苦的农民家里。他家祖祖辈辈给地主当佃户，他也从小为地主放牛，生活十分困苦。17岁那年，淮河流域发生旱灾、蝗灾和瘟疫，朱元璋的父亲、长兄和母亲先后去世，他失去了生活的依靠，只得到附近的皇觉寺去当小行童。不久，皇觉寺因缺粮关门，朱元璋又断了生路，只好带上一个小木鱼和一只瓦钵，到淮西一带去游方化缘，过了三年，才回到寺里。

那时候，正处于元末社会矛盾普遍激化的年代。当时，元政府的赋税、徭役剥削极其沉重。蒙、汉和其他各族的贵族、官僚、大地主及寺院又疯狂地兼并土地，追加地租，奴役佃户及其子女，甚至将佃户随田转卖。加之朝政腐败、管理贪暴和连年不断的风、雪、水、旱灾害，广大汉族农民纷纷破产，流民遍布各地，就连蒙古族的劳动者也日趋贫困，纷纷沦为奴婢。与此俱来的，是日益深重的民族压迫。元朝建立后，统治者把全国各族人民划为蒙古、色目（包括西域各族人和西夏人）、汉人（包括原来金朝统治下的汉族和契丹、女真等族人）和南人（包括原来南宋统治下的汉族和其他各民族）四等，四等人的政治地位各不相同，蒙古人最高，色目人次之，南人最为低下。元朝末年，由于起义反抗的多为汉人、南人，元朝政府又重申原来规定的汉人不得执兵器、不得执寸铁的禁令，有的大臣甚至还提出了杀绝张、王、刘、李、赵五大姓南人的主张。

和尚皇帝——朱元璋

广大的农民不堪忍受元朝残酷的阶级压迫和民族压迫，纷纷揭竿而起。元顺帝至正十一年（1351年），农民领袖刘福通在颍州（今安徽阜阳）利用民间秘密宗教组织白莲教，发动农民起义，组织红巾军。接着，彭莹玉、徐寿辉也在湖北组织红巾军起义。除红巾军以外，土豪方国珍、盐贩张士诚也先后在浙东和苏北起兵反元。起义的烈火，迅速席卷大江南北。

就在刘福通起义的第二年二月，定远土豪郭子兴在濠州起兵响应，袭击杀死了当地的州官，占领了濠州城。濠州附近的元朝官军不敢同起义军交战，便四处捉拿百姓，充作红巾军的俘虏，向上报功请赏。老百姓无处藏身，纷纷前往濠州投奔红巾军。在濠州参加起义的一位朋友，捎信劝朱元璋前去投奔。不料这事被旁人发觉，扬言要向官府告发。恰在这个时候，皇觉寺又被大火焚毁，使朱元璋失去了生活的依靠。朱元璋走投无路，便在三月初一，到濠州投奔了郭子兴的队伍。

二、投军从戎

（一）投奔郭子兴

参加起义后，朱元璋刻苦学习武艺，进步很快，每次作战他都表现得很勇敢、很有计谋，因而深得郭子兴的赞赏，被调到身边当亲兵，担任九夫长，并娶郭子兴养女马氏为妻。此后，有要紧的事情，郭子兴都找他商量，有重要的战斗任务，也常常交给他去完成。朱元璋每次奉命出征，都身先士卒，冲锋在前，得到战利品，自己分文不取，全部分给部下，士卒深受鼓舞，无不英勇杀敌，所以每战必胜。后来，朱元璋回到家乡，招募七百名农民，又陆续收编了附近的几支地主武装，严加训练，培养了一批骨干力量和一支三万人的精兵，一举攻克定远、滁州（今安徽滁县），更加受到郭子兴的器重，很快被提拔为镇抚、总管。至正十五年（1355年），郭子兴派其妻弟张天祐等人攻占和州（今安徽和县），任命朱元璋为总兵官。和州诸将成分复杂，纪律也差，出征时往往乱抢乱杀，掠夺人口，霸占民女。他们又欺负朱元璋年轻，不把他放在眼里，每次商议事情都抢占上席，而把最末一个座位留给朱元璋。朱元璋决心改变这种状况。有一天，他把将领们找来商议修建城池的事情，约定每人负责一段，限三天之内完工。届时只有朱元璋的一段修完，其他几段均未完工，他拿出郭子兴的令牌，严厉地说："我这个总兵官是郭元帅任命的，不是自己封的。既然当这个官，就得负起责任，对大家不能没有约束。现在修建城池，大家不按时完工，万一敌人来攻，我们怎么对付？今后再有违抗命令的，一概按军法处置！"诸将理屈词穷，连声说："是，是！"接着，朱元璋下令释放掠夺来的百姓妻女，他们都一一照办了。部队的纪律从此开始好转，朱

元璋的威信也逐步树立起来了。不久，郭子兴病死，刘福通建立了宋政权，任命朱元璋为这支部队的左副元帅。

（二）建立根据地

和州东南紧靠长江，城郭小，驻军多，遭到元兵的几次进攻，发生了粮荒。

朱元璋带兵横渡长江，攻占了南岸的太平（今安徽当涂）。太平离集庆（今江苏南京）很近，之前攻占定远的时候，儒士冯胜就建议他攻取集庆，说："这个城市龙盘虎踞，是帝王之都，应该占领下来作为立足基地，然四处征伐，讲仁义，收人心，不贪子女玉帛，天下不难平定。"占领太平后，儒士陶安又提出类似的建议。至正十六年（1356年）三月，朱元璋便带兵攻占集庆，改集庆路为应天府，向宋政权报捷。宋政权的小明王韩林儿让他在应天设立江南等处行中书省，任命他为行省的最高长官平章。

朱元璋占领应天和它周围的一些据点，有了一个立足的基地，但地狭粮少，兵力和地盘也不如徐寿辉、陈友谅和张士诚，政治威望和影响也不如小明王，处境还是比较危险的。不过，在北面，宋政权领导的北方红巾军吸引着元朝官军和地主武装的绝大部分兵力；在西面，徐寿辉和他的部将陈友谅领导的南方红巾军，牵制着长江中游的元军；在东面，非红巾军系统的张士诚还没有投降元朝。这恰好为朱元璋筑起了三面屏障，对他是十分有利的。他果断地做出巩固东、西两线，出击东南的战略决策。在北线，只留部分兵力维持地方治安。在东线，先派兵攻占镇江以确保应天的安全，然后派人与张士诚通好。张士诚自恃地富粮足，拒绝他的通好要求，出兵进攻镇江。朱元璋派兵还击，攻占太湖以东地区，从江阴沿太湖至长兴筑起一道坚固的防线，挡住了张士诚西犯的门路。在西线，派兵攻占池州作为应天的屏障，此后他也对徐寿辉采取防守势态。主要兵力则集中到东南一线，向南面和东南面出击，夺取孤立、分散的元军据点。至正二十年（1360年）五月，朱元璋的军队已经陆续攻克了皖南和浙东的许多地方，迅速扩大了他的占领区。

在集中兵力向东南一线出击的同时，朱元璋抓紧时机，积极营建以应天为中心的根据地，为逐鹿中原做准备。经过几年来的反复较量，元朝的官军、地主武装和农民起义军双方各自形成了几个势均力敌的武装集团。朱元璋起义较晚，实力较小，要想逐一消灭对手，进而推翻元朝，必须准备进行长期的艰苦斗争，因而需要有一个稳固的战争基地为之提供物力、财力和兵力。郭子兴死后，他执行冯胜的建议，攻占应天及其周围据点，开始着手经营这个基地。至正十七年（1357年），朱元璋在攻占徽州（今安徽歙县）后，亲至石门山拜访老儒朱升，向他请教夺取天下的计策。朱升回答他三句话："高筑墙，广积粮，缓称王。"意思是说：要扩充兵力，巩固后方；发展生产，储备粮食；不图虚名，暂不称王。总之，就是要埋头苦干，建设一个稳固的战争基地。朱元璋认为他的话很有道理，立即提出一个在两淮江南地区"积粮训兵，待时而动"的方针，进一步加强根据地的建设。

朱元璋深知，"兴国之本，在于强兵足食"。他首先抓紧军队的建设，经常命令部将带领士兵进行军事训练，提高作战本领。他尤其重视军事纪律的训练和整顿，强调要"惠爱加于民，法度行于军"，要求全体将士严守纪律，爱护百姓，如有违犯，则严惩不贷。亲征婺州时，他派骑兵带着令牌传告全军："不准乱杀无辜，不准掠夺妇女，不准焚烧房屋，违令者斩！"随同出征的亲随黄某抢劫民财，即被斩首示众。为了发展自己的势力，朱元璋还注意礼贤下士，招揽人才。攻下浙东后，刘基、叶琛、宋濂、章溢等四大名士应聘至应天，朱元璋特地筑礼贤馆，请他们住到里面，做自己的顾问。其次，朱元璋又大抓农业生产。他设置营田司，任命康茂才为营田使，负责兴修水利；派遣儒生，到各地劝课农桑；命令军队在江阴、龙江等处屯田，边打仗边生产；推行民兵制度，组织农村丁壮，一面练武，一面耕种，兵农兼资。在发展生产的同时，朱元璋又设法减轻百姓的负担，征派民间粮税、军需和差役皆"务从宽减"，并多次下令蠲免税粮差役。此外，朱元璋还注意讲究斗争策略。为了避免树大招风，他在形式上一直

和尚皇帝——朱元璋

159

对小明王韩林儿保持臣属关系，使用的都是宋政权的龙凤年号，打的是红巾军的红色战旗，连斗争口号也不改变，占领婺州（今浙江金华）时他树起"山河奄有中华地，日月重开大宋天"的大旗，与刘福通树起的"直抵幽燕之地，重开大宋之天"的旗号是一致的。朱元璋担任的职务，从江南行省平章到后来的吴国公，都是小明王韩林儿封的。直到消灭陈友谅，北方红巾军也失败以后，他才称吴王，但发布文告，第一句话还写"皇帝圣旨，吴王令旨"，表示自己仍是小明王韩林儿的臣属，免得引人注目，遭受打击。经过多年的努力，朱元璋逐步巩固和发展了自己的根据地，兵强马壮，粮食充足，已经可以同其他几支势力相匹敌了。

（三）征讨四方

至正二十年（1360年）闰五月，陈友谅杀害徐寿辉，自称皇帝，建国号汉，约同张士诚夹攻朱元璋。朱元璋立即实行战略转移，改取固守东南、向东北和西线出击的方针，开始与群雄逐鹿中原。

陈友谅兵多将广，顺长江而下，来势汹汹。应天的文武官员惊慌失措，有的主张投降，有的主张放弃应天，也有的主张抵抗，但建议先取据有苏湖肥饶之地的张士诚，再回头对付陈友谅。独有刘基指出："早先我就说过，张士诚目光短浅，只满足于割据一方，没什么可怕；陈友谅挟持徐寿辉以令群臣，名号不正，又占据上流，没有一天不想消灭我们，应该先把他消灭掉。陈友谅一灭，张士诚孤立，我们就可以轻而易举地把他消灭。然后再北向中原，必定可成王业。现在陈友谅打来了，我们就要坚决回击，主张投降或者是主张逃跑的，应该立即斩首。"朱元璋问他："对陈友谅的这场仗应该怎么打？"他的回答是："陈友谅自恃人多势众，骄傲轻敌，待他深入我方境内，用伏兵截击，很容易把他打败。"朱元璋觉得刘基的话很有道理。他也看出陈友谅骄傲轻敌，好生事

中国古代开国皇帝

端，如果先打张士诚，陈友谅一定倾巢来犯，直逼应天，自己两面受敌，必定非常被动；而张士诚狡猾胆小，目光短浅，如果先打陈友谅，张士诚肯定不会越过平江（今江苏苏州）一步，出兵相助陈友谅，自己则可集中兵力对付陈友谅，这仗就好打多了。于是，他采纳刘基的意见，把主力放在西线，在应天附近的龙江设伏击败了陈友谅。张士诚慑于形势，果然未敢轻举妄动。过了三年，陈友谅倾其全部兵力，统兵六十万包围洪都（今江西南昌），以报龙江之仇。朱元璋亲自率领二十万大军救援洪都，陈友谅退至鄱阳湖迎战，惨遭失败，被流矢射死。朱元璋进克武昌，俘虏其子陈理而归。接着，朱元璋又挥师东向，于至正二十七年（1367年）消灭张士诚，并迫降方国珍。至此，长江中下游这块全国最肥沃富饶、人口最稠密的地区，已经尽归朱元璋所有。

在出兵方国珍的同时，朱元璋审时度势，果断地决定了南征北讨的大计。他分出部分兵力，用四年的时间先后削平了福建、两广等地的割据势力。主要兵力则用来北伐，同元朝政权进行最后的决战。

元朝政权虽然依靠地主武装，在至正十九年（1359年）攻陷了宋政权的都城汴梁（今河南开封），后又联合张士诚的部队，袭破宋政权的最后一个据点安丰（今安徽寿县），把北方红巾军镇压下去，但是它的统治基础薄弱，也在各支起义军，特别是北方红巾军的沉重打击下，趋于瓦解。此时，它依靠几支地主武装来支撑残局，内部派系林立、矛盾重重，已经是不堪一击。至正二十七年（1367年）十月，朱元璋派徐达、常遇春率领大军北伐。大军出发前，他亲自制订了一个周密的作战计划："先取山东，撤除大都的屏障；再回师河南，剪掉它的羽翼；夺取潼关，占据它的门槛。如此一来，天下形势已经为我所掌握，然后进兵大都，元朝势孤援绝，可不战而克。拿下大都，再挥师西进，山西、陕西和甘肃一带，便可席卷而下。"他发布讨元檄文，提出"驱逐胡虏，恢复中华，立纲陈纪，救济斯民"的口号，以争取北方汉族地主的支持，宣布"蒙古、色目人，虽非华夏族类，但同生于天地之间，如果能有知礼义，愿意做我臣民，将同华夏之人一样受到安抚"，以争取蒙古部众，分

和尚皇帝——朱元璋

化元朝统治集团。徐达、常遇春按照朱元璋的作战计划，统兵北上，所向披靡，元朝的将领纷纷归附。短短几个月，北伐军即下山东，取汴梁，克潼关，对大都形成三面包围之势。元顺帝眼看大势已去，慌忙带着后妃、太子北逃。第二年八月，徐达统领大军进入大都，元朝政权终于被推翻。接着，徐达、常遇春领兵西进，至洪武三年（1370年），已经基本上攻占了北方各省。洪武四年（1371年），朱元璋又派水陆两路大军，分别从瞿塘和秦、陇攻入四川，迫降夏国主明升，平定了四川。洪武十四年（1381年），再进军云南，据守云南的元将梁王把匝剌瓦尔密兵败自杀，云南也于第二年平定。洪武二十年（1387年），朱元璋又派遣冯胜、傅友德、蓝玉北攻辽东，元朝丞相纳哈出力竭而降。至此，除了漠北地区和新疆等地，全国基本上实现了统一。

至正二十八年（1368年）正月，就在徐达统领北伐大军攻克山东的凯歌声中，朱元璋在应天登上帝位，国号大明，建元洪武，以应天为京师，一个新的封建王朝建立起来了。

三、建立明朝

（一）　加强集权　整顿吏治

朱元璋登基以后，每天天不亮就起床办公，接见大臣，批阅奏章，一直忙到深夜，没有休息，也不讲究文化娱乐。他兢兢业业，一心想着如何巩固统治，使朱家王朝得以万世长存。

明朝刚刚建立时，社会矛盾还很尖锐。由于那些旧地主和战争后涌现出来的新地主拼命追求土地和财富，并用隐瞒土地和丁口等等办法，逃漏赋税徭役，把负担转嫁给农民，功臣宿将也倚仗权势，违法乱纪，贪污腐化，刚刚缓和下来的阶级矛盾又日趋激化，小股的农民起义不断发生，再加上统治阶级内部的各派系势力互相争权夺利，北方元朝的残余势力经常南下骚扰，东南沿海又有日本倭寇的侵扰活动，政治局势动荡不安，封建统治很不稳定。针对这种状况，朱元璋大力强化封建专制的中央集权制度，以加强对内镇压敌对势力，对外保卫国土的力量。

明初时期的官僚机构基本上沿袭了元朝的制度，经过几年的统治实践，朱元璋逐渐认识到其中的弊病，认为这种体制很不理想，特别是中书省的丞相，权力过大，容易产生擅权专恣，皇权旁落的弊端，于是朱元璋决心进行改革。

行政机构的改革，首先要从地方上入手。元朝的行中书省是从大都的中书省分离出来的，它总管一省的行政、军事和司法，职权很大，后来四方起兵，中央根本指挥不动，俨然一个独立的王国。洪武九年（1376 年），朱元璋首先宣布废除行中书省。分别设立承宣布政使司、都指挥使司和提刑按察使司，分管行政（包括财政）、军事和司法，分别担负行中书省的职责，三者分立又互相牵制，皆直接听从朝廷的指挥，便于中央的控制。防止了地方权力过重。接着，又

和尚皇帝——朱元璋

进行了中央行政机构的改革。中央机构改革的重点是废除丞相制。明初中书省负责处理天下政务，地位最高。其长官为左、右丞相，位高权重，丞相极易与皇帝发生矛盾，明朝时以胡惟庸任相后最甚。

洪武十三年（1380年），有人告发中书省丞相胡惟庸的不法行为，朱元璋以擅权枉法的罪名将他抄家灭族，宣布撤销中书省，罢除丞相，并相应提高吏、户、礼、刑、兵、工等六部的地位，由六部分理朝政，直接对皇帝本人负责。这样，丞相的职权实际上就由皇帝来兼使，各行省的权力集中到中央之后，也就都集中到皇帝一个人的手里，朱元璋成了中国历史上权力最大的君主之一。

在军事上，原来设有大都督府，统领全国所有卫所的军队。后来，朱元璋觉得大都督府的权力太大，在废除中书省的同时，朱元璋又废除了管理全国军事的大都督府，将其分为中、左、前、后、右五军都督府，分别统领所辖的卫所军队，并和兵部互相牵制。并规定都督府只管军籍和军政，而由兵部掌握军令的颁发权和军官的铨选之权，若遇到战争，调遣军队和任命将帅均由皇帝决定。在皇帝作出决定之后，兵部发出调兵命令，都督府长官奉命出为将帅，带领所调集的军队出征。一旦战事结束，将帅即需交还将印，回到原职办事，军队也立即回归原来的卫所。经过这一改革，军权也集中到皇帝一个人的手中。但是朱元璋对将领们还是放心不下，觉得他们毕竟不是朱家皇室的人，未必可靠。他又实行分封藩王的制度，把他的儿子们封到各个重要的城市中去做亲王，用以监视驻守各地的将领。这些藩王都拥有一支护卫兵，少则三千人，多的达到一万九千人。他们还拥有指挥当地卫所守镇兵的大权，遇到紧急的事情，封地里的卫所守镇兵，在接到盖有皇帝御宝的文书的同时，还必须有亲王的令旨，才能调动。这样，亲王事实上就成为皇帝在地方的军权代表，他们代替皇帝监视各地的将领，起到屏藩王室，翼卫朝廷的作用。

经过一番改革和经营，朱元璋把全国的军政大权都集中到中央，最后统一归皇帝一人掌握，封建专制主义的中央集权制度发展到了高峰。朱元璋认为这套严格的统治制度，是确保朱家王朝"万世一统"的最好制度，特地编写制定了一部《皇明祖训》，要求他的子孙必须世代遵守，不可加以改变。

（二）打击贪官

在强化专制主义的中央集权统治的同时，朱元璋还严厉整肃吏治。元末吏治的腐败，激起了大规模的农民起义，这给了朱元璋深刻的教训。

朱元璋出身贫苦，从小饱受元朝贪官污吏的敲诈勒索，他的父母及长兄死于残酷剥削和瘟疫，自己被迫从小出家当和尚。他说："老百姓的力量是可怕的。如果当权者办事不当，上违天意，下失民心，发展下去，天怒人怨，没有不灭亡的。"所以，在他参加起义队伍后就发誓：一旦自己当上皇帝，先杀尽天下贪官。朱元璋即皇帝位后没有食言，果然在全国掀起轰轰烈烈的"反贪官"运动，矛头直指中央到地方的各级贪官污吏。他召见文武百官，对他们宣布："我从前在民间时，看见州县的官吏大多不爱惜百姓，他们往往贪财好色，饮酒废事，对民间的疾苦无动于衷，我的心里恨透了。如今要严肃法纪，发现贪官污吏和虐待百姓者，坚决治罪，决不宽恕。"

中央的监察机关原来称为御史台，朱元璋在洪武十五年（1382 年）把它改为都察院，下设十三道监察御史。都察院的职权是监察百官，辨明冤枉，凡有大臣奸邪、小人构党、擅作威福、扰乱朝政，或者贪污舞弊、学术不正、变乱祖制者，都要随时检举弹劾，十三道监察御史在朝监督一切官僚机构，出使到地方则是巡按、清军、提督学校、巡盐、巡茶、巡马、监军等，他们的官阶只有七品，但是他们什么话

都可以说，什么大官都可以告发。特别是巡按御史权力更大，他代表皇帝出巡，按临所至，小事立断，大事也可直接奏请皇帝裁决。此外，在中央还设有六科给事中，负责监督六部官吏，并与都察院互相纠举。这些"天子耳目风纪之司"，起着为皇帝排除异己的鹰犬作用。

明政府制定了许多法律章程，对各级官吏的职权、任务以及应当遵守的事项，都做出了详细的规定。对官吏的违法乱纪行为，也定出了具体的惩处办法。朱元璋对贪污的官吏的处罚是非常严格的。例如朱元璋规定对贪污六十两银子以上的官员格杀勿论。当他发现御史宇文桂身藏十余封拉关系拍马屁私托求进的信件后，立即派人对中央各部和地方官府进行调查。结

中国古代开国皇帝

果显示从上到下贪污腐败现象极其严重，他龙颜大怒，立即诏令天下："奉天承运，为惜民命，犯官吏贪赃满六十两者，一律处死，决不宽贷。"并称：从地方县、府到中央六部和中书省，只要是贪污，不管涉及到谁，决不心慈手软，一查到底。

朱元璋敢于从自己身边"高干"开刀。胡惟庸是凤阳定远人，洪武五年（1372年）由右丞相升任左丞相。胡惟庸在被罢官之前，仗着自己的丞相地位，骄横跋扈，专恣擅权，朝中生杀罢黜之事，他往往不待奏闻即自行决断。内外诸司的奏章，他必先行拆阅，于己不利的即藏匿不报。他还大肆结党营私，排斥异己。朝廷内外的势利之徒，竞相向他贿赂，奔走于他的门下，形成一个势力集团，威胁皇权。此外，他私自收受的金帛、名马、珍宝、器玩不可胜数。开国大将蓝玉，居功自傲，私蓄奴婢数千人，恃势横暴，在军擅自罢免将校，进止自专，不听命令，北征回来，夜过喜峰口，守关将士未及时开关迎纳，他纵兵毁关而入。明政府明令禁止贩卖私盐，他令家人私行贩卖，破坏盐法。他侵占东昌民田，御史按问，他竟下令驱逐御史。功臣宿将的腐化堕落，妨碍着

统治效能的提高。1378 年，朱元璋决定对中书省采取行动。

一天，胡惟庸的儿子骑马在大街上横冲直撞，结果跌落马下，被一辆过路的马车轧了，胡惟庸将马夫抓住，随即杀死。朱元璋十分生气。十一月又发生了"占城贡使"事件。占城贡使到南京进贡，把象、马赶到皇城门口，被守门的太监发现，报与朱元璋，朱元璋大怒，命令将左丞相胡惟庸和右丞相汪广洋抓进监狱。但是，两丞相不愿承担罪责，便推说接待贡使是礼部的职责，于是，朱元璋便把礼部官员也全部关了起来。

两相入狱，御史们理解了皇上的意图，便群起攻击胡惟庸专权结党。于是，1380 年，朱元璋以擅权枉法的罪名处死了胡惟庸和有关的官员，同时宣布废除中书省，以后不再设丞相。

明初的中书省下属吏、户、礼、兵、刑、工六部。大量留用元朝的旧官吏，以及一些靠造反起家的功臣。可他们有恃无恐，贪赃枉法。朱元璋决意对这些官员进行惩处。

洪武十五年（1382 年），户部官员与地方官府勾结，预先于空白报表盖印然后私自填充虚假支出数额，营私肥己，贪污财物。朱元璋发现后，立即将各地衙门管印的长官全部处死；副长官打百棍边疆充军。三年后，又查出户部侍郎郭桓和各司郎中、员外郎与各地到中央缴纳课税的官员结成贪污团伙，采取多收少纳、捏报侵欺手段，贪污国库物资，折合粮食达两千四百万石的犯罪事实。他将这些贪官统统处死，各省、府、县牵连人员无一幸免，一时几万贪官人头落地，受到不同程度处理的人就更多了。洪武二十五年，户部尚书赵勉伙同老婆内外受贿十几万银两东窗事发，结果夫妻二人双双成了刀下鬼。

洪武十六年（1383 年），刑部尚书开济接受一死囚家贿银万两，用另一死囚做替死鬼。他还勒索其他罪囚家人钱物，并导致一家二十口人全部自杀的悲剧。洪武十九年，刑部郎中、员外郎受贿虚报死亡并私放两死囚。这些大贪官都被朱元璋斩首。洪武十八年（1385 年），工部许多官员借营建宫殿之机，虚报工匠、工役人数和天数多领工银，发

放时克扣工钱以便私吞银两。朱元璋在一次突击检查中就查处了侍郎韩铎、李桢贪污受贿案，并且带出了中央专门派去监督工部的工科给事中。兵部侍郎王志把征兵之机当做生财之道，接受逃避服兵役的世袭军户所送贿银达二十三万两。朱元璋把他也送上了断头台。洪武十九年（1386年），礼部侍郎章祥伙同员外郎辛钦，竟然私自侵吞皇帝赏赐公主婚礼的银两，也被朱元璋拿了个正着。朱元璋为了监督各级官吏行为，专设都察院御史和六科给事中职位。然而这些监督部门也被腐化了。洪武十九年，都察院御史刘志仁奉命去淮安处理一宗案件。到达后他故意拖着案子不审，吃了原告吃被告，勒索两家许多钱物，还诱奸良家民女，后被朱元璋处死。朱元璋又查出六科有六十一个给事中存在不同程度的贪污受贿行为，于是一一做了处理。

朱元璋发明"剥皮实草"的残酷刑法处置贪官。一天，朱元璋在翻阅一批处死贪官的卷宗时突发奇想：百姓痛恨的贪官一刀斩首太便宜了他们，何不采取挑筋、断指、断手、削膝盖等酷刑？他还创造了"剥皮实草"刑法，把那些贪官拉到每个府、州、县都设有的"皮场庙"剥皮，然后在皮囊内填充稻草和石灰，将其放在被处死贪官的公堂桌座旁边，以警示继任之官员不要重蹈覆辙，否则，这个"臭皮统"就是他的下场。这种触目惊心的举措震慑了一批官员，使他们行为大为收敛。

朱元璋对自己培养的干部决不姑息迁就。为了培养和提拔新力量，朱元璋专门成立了培养人才的国子监，为没有入仕的年轻读书人提供升迁机会。他对这些新科进士和监生厚爱有加，还经常教育他们要尽忠至公，不为私利所动。然而洪武十九年，他派出大批进士和监生下基层查勘水灾，结果有一百四十一人接受宴请，收受银钞和土特产品。朱元璋在斩杀他们时伤心得连连叹气。

朱元璋制定整肃贪污的纲领——《大诰》。以近两年时间编纂的《大诰》一书是他亲自审讯和判决的一些贪污案例成果的记录，书中还阐述了他对贪官的态度、办案方法和处置手段等内容。朱元璋下令全国广泛宣传这本书，还叫人节选抄录贴在路边显眼处和凉亭内，让官员读后自律，让百姓学后对付贪官。

作为开国之君的朱元璋，"人在政举"，借助自己的崇高威望，以极其残酷的法律严惩贪官污吏。其决心之大、力度之强、措施之精确，起到了强烈震慑作用。朱元璋从登基到驾崩，他的"杀尽贪官"运动贯穿始终，从没有减弱，但贪官现象却没有根除。他晚年只能发出"为何贪官如此之多，早晨杀了，晚上又生一拨"的哀叹。

另外，朱元璋还采取了一些抑制豪强的措施。豪强地主占有大量的土地，在乡里横行霸道，欺凌百姓，是造成社会动荡的一个重要因素。朱元璋几次下令把江南的富户迁到中都凤阳或者京师。如洪武二十四年（1391年）迁徙天下富民五千三百户到京师，后又移富民一万四千三百余户以实京师。迁到京师的富户，还被强迫承担各种差役。据说修筑南京城的时候，朱元璋下令富豪沈万三出资修建城墙的一半。这些豪强地主迁离乡土，减少了当地百姓所受到的欺凌和压榨。

朱元璋的这些措施，加强了国家的统一，并使社会矛盾得到了一定程度的缓和，政治局面也日渐趋于安定。他希望这种安定的局面能够长期保持，不再发生动荡。每日黄昏，便令专人在道路上敲打木铎，高声呼喊："和睦乡里，教训子孙，个安生理，毋作非为！"五更时，又派专人在城门谯楼上吹起号角，高声唱道："创业难，守成又难，难也难！"

（三）诛杀功臣

明洪武十三年（1380年）胡惟庸案发后，朱元璋即以胡惟庸案为武器，将胡惟庸的罪名逐步升级，由擅权枉法到私通日本，再升级到私通蒙古，最后发展到串通李善长谋反，朱元璋以专权枉法之罪杀了胡惟庸后，把与胡惟庸有亲戚、同乡、故旧或其他关系的臣属加以连

坐株连，以致最后受牵连而被杀者达三万多人，最后太师韩国公李善长也受牵连，77 岁的李善长全家被杀。

接着，朱元璋又于 1393 年杀掉功臣蓝玉。蓝玉是明朝开国大将，被朱元璋封为凉国公。1391年，四川建昌发生叛乱，朱元璋命蓝玉讨伐，临行前，朱元璋面授机宜，命蓝玉手下将领退下，连说三次，竟无一人动身。然而蓝玉一挥手，他们却立刻没了身影。这使朱元璋下决心要除掉蓝玉。1392 年的一天，早朝快结束时，锦衣卫指挥使参奏蓝玉谋反，朱元璋随即令人将其拿下，并由吏部审讯。当吏部尚书詹徽令蓝玉招出同党时，蓝玉大呼："詹徽就是我的同党！"话音未落，武士们便把詹徽拿下，审判官们目瞪口呆，不再审了。三天后，朱元璋将蓝玉杀死，抄斩三族，并连坐族诛和蓝玉关系较为密切的将帅一万五千人。胡、蓝两案，前后共杀四万人。两个大案之外，其他的开国功臣，包括朱元璋自己的亲侄子朱文正、亲外甥李文忠等，也分别以各种罪名被加以诛戮，只有少数人侥幸逃脱了被杀的厄运。

对于朱元璋的滥杀，皇太子朱标深表反对，曾进谏说："陛下诛戮过滥，恐伤和气。"当时朱元璋没有说话。第二天，他故意把长满刺的荆棘放在地上，命太子拣起。朱标怕刺手，没有立刻去拣，于是朱元璋说："你怕刺不敢拣，我把这些刺去掉，再交给你，难道不好吗？现在我杀的都是对国家有危险的人，除去他们，你才能坐稳江山。"然而朱标却说："有什么样的皇帝，就会有什么样的臣民。"朱元璋大怒，拿起椅子就扔向太子，朱标只好赶紧逃走。

（四） 加强控制

为了加强对臣民的控制，在地方上，朱元璋还设置了巡检司。巡检司遍设于全国各府县的关津要冲之地，专门盘查过往的行人，负责把关盘查、缉捕盗贼、盘诘奸伪。军民的行动一概限制在百里之内，如走出百里之外，必须事先请领路引，巡检司才能让他通过关津。

由于朱元璋是开国皇帝，明初皇帝的力量比较强大，到了明朝中后期文官的力量才变强大起来。朱元璋利用特务机构，派出大量名为"检校"的特务人员，遍布朝野，暗中监视。洪武十五年（1382 年），出于监控官员的需要，朱元璋将管辖皇帝禁卫军的亲军都尉府（前身是拱卫司）改为锦衣卫，并授以侦察、缉捕、审判、处罚罪犯等权力，这是一个正式的军事特务机构，由皇帝直接掌控。它有自己的法庭和监狱，俗称"诏狱"，诏狱里采取剥皮、抽肠、刺心等种种酷刑审问和处罚犯人。朱元璋还让锦衣卫在朝廷上执行廷杖，有很多大臣惨死杖下，工部尚书薛禄就是这样被活活打死的。

吏部上书吴琳告老还乡后，朱元璋曾派特务到他家乡侦察他的活动，见一个农民模样的人从小凳上站起来，下稻田插秧，问道："这里有个吴尚书，在吗？"那人拱手回答："吴琳便是。"这个特务回去报告，朱元璋听了很高兴。博士钱宰被调到南京编纂《孟子节文》，罢朝回家，信口吟诗曰："四鼓冬冬起着衣，午门朝见尚嫌迟，何时得遂田园乐，睡到人间饭熟时？"在旁监听的特务向朱元璋报告了这件事。第二天上朝，朱元璋对钱宰说："昨天作的好诗！不过我并没有'嫌'你啊，改作'忧'字怎样？"钱宰一听，吓出了一身冷汗，连忙磕头谢罪。有一次，大学士宋濂在家请客，特务立即向朱元璋报告。第二天宋濂上朝，朱元璋问宋濂："昨天在家喝酒没有？请了哪些客人，吃的什么菜肴？"宋濂一一照实回答。朱元璋笑了笑对宋濂说："说得都对，你没有骗我。"

有的时候，朱元璋还亲自出马，对臣僚搞特务侦察。弘文馆学士罗复仁秉性耿直，能言善谏，但因为他原来是陈友谅的部下，朱元璋对他很不放心。有一天，朱元璋想看看罗复仁在家干什么，就亲自跑到城郊罗复仁的家中去私访。罗复仁正在粉刷他的几间破房子，他见到朱元璋到来，忙叫妻子抱过来一个小凳让朱元璋坐。朱元璋见状，把他夸奖了一通，说："贤士怎么能住这样破烂的房子？"于是朱元璋下令赐给他一座城里的大宅第。

（五）兴文字狱

1370 年，朱元璋下令设科取士，规定以八股文作为取士的标准，以"四书""五经"为题，不允许有自己的见解，必须依照古人的思想。

同时，对于不肯合作的地主知识分子，朱元璋则想尽办法加以镇压。

明朝建立后，有一部分地主阶级文人认为朱元璋是发迹于起义军的贫苦农民，不配当坐金銮殿的皇帝，不肯同他合作。还有些在元朝做过大官的地主文人，因为怀念旧主的恩情，"身在江南，心思漠北"，不愿意为新朝廷效劳。他们采取自杀、自残肢体、逃往漠北或者隐居山林等各种办法，拒绝明朝的征调，不肯出来做官。朱元璋便使用各种严刑酷法，严厉加以镇压。贵溪儒士夏伯起叔侄两人，斩断手指，拒不出仕。朱元璋把他们抓来审讯，问他们："过去世道动乱的时候，你们住在何处？"他们回答说："红寇乱时，避居在福建、江西两省交界处。"朱元璋大怒，认为他们把红巾军骂作红寇，影射攻击他是用不正当的手段夺得的天下，下令把他们押回原籍处死，并规定今后士大夫凡是不肯为君主效劳的，一概"诛其身而没其家"，通通杀头抄家。后来，朱元璋又逐步加强思想统治，制造了一系列的文字狱，屠杀了一大批因为文字触犯禁忌的地主文人。

朱元璋出身贫寒，并且早年做过和尚，所以十分忌讳"光""秃"等字眼，就连"僧"也不喜欢，甚至连和"僧"读音差不多的"生"也同样厌恶；他曾参加过红巾军，因此不喜欢别人说"贼""寇"，连和"贼"读音相近的"则"也厌恶。有好多人因此送命，如浙江府学林元亮替海门卫官作《谢增俸表》，其中"作则帝宪"一语；杭州府学徐一夔表文中有"光天之下""天生圣人，为世作则"等语。朱元璋便硬说文中的"则"是骂他做"贼"，"光"是光头，"生"是僧，是骂他做过和尚。据说，有一年元旦夜里，朱元璋外出，发现一则

中国古代开国皇帝

灯谜：上画了一个女人，手里抱着一个西瓜，坐在马背上，其中马蹄画得特别大。对此，朱元璋大怒，认为这是暗讽马皇后是个大脚，于是即命查缉，将作灯谜的人杖责至死。状元张信奉训导诸王子时用了杜甫的诗句"舍下笋穿壁"为字式，竟也惹得朱元璋大发脾气，说他是讥笑天朝，下令处以腰斩之刑。

文字狱从 1384 年一直延续到 1396 年，长达十三年，造成了人人自危、不敢提笔的局面，以致文官们不得不请求设计出一种标准的文牍的措辞，以免犯忌。

（六）休养生息

明朝建立伊始，中华大地经过近二十年战乱的破坏，田地荒芜，经济凋敝，到处是破烂不堪的景象。河北平原遭受战争的破坏最为严重，很多地方道路阻塞，积骸成丘，人烟断绝。文化一向比较发达的汉中地区，也是荒草丛生，虎豹啸吟。往日的繁荣胜地扬州，被朱元璋的军队攻占之后，城中仅余居民十八家。人民力竭财尽了，地主贵族难以榨取地租，封建政府的税源也近于枯竭。面对此情形，为了巩固封建统治的经济基础，朱元璋下决心推行"休养生息"的政策，大力恢复和发展生产。明洪武元年（1368 年），朱元璋刚称帝不久，外地州县官来朝见，朱元璋对他们说："天下初定，老百姓财力困乏，像刚会飞的鸟，不可拔它的羽毛；如同新栽的树，不可动摇它的根。现在重要的是休养生息，让他们生产。"他要求各级官吏把"田野辟，户口增"作为头等大事来抓，并规定官吏的考核都要上报农桑的治绩，违反的要降职、处罚。

农业是封建社会最主要的生产部门，受到朱元璋的特别重视。在封建时代，恢复和发展农业的主要措施是奖励垦荒和实行屯田。经过元末的农民战争，不少官僚地主死亡逃散，他们霸占的土地有的回到了农民的手中，有的则荒废了。朱元璋下令，凡是战争中抛荒的田地，被他人耕垦成熟的就成为耕垦者的产业，如果原来的田主回来，则由官府另外拨给同等数量的荒地作为补偿。这实际上是对农民在战争中取得的胜利果实的一种承认。

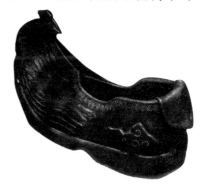

对那些无主的荒地，朱元璋则鼓励农民积极开垦。

明洪武元年（1368年），朱元璋接受大臣建议，鼓励开垦荒地，并下令：各处荒芜的土地，允许百姓开垦，永为业田，并且全部免三年租税。他还采取强制手段，把人多地少地区的农民迁往地广人稀的地区；对于垦荒者，由政府供给耕牛、农具和种子；并规定免税三年，所垦之地归垦荒者所有；还规定农民有田五至十亩的，必须栽种桑、棉、麻各半亩，有田十亩以上者加倍种植。这些措施大大激发了农民垦荒的积极性。过了两年，又规定北方郡县荒芜田地，不限亩数，授予无业的农民耕种，每户十亩，另给菜地二亩，有余力多种的，则不限亩数，并全部免除徭役三年。后来还规定，在陕西、河南、山东、北平等布政司以及凤阳、淮安、扬州、庐州等府，允许农民尽力开垦荒地，官府不得征派赋税。许多逃亡的农民纷纷回乡垦荒，变成了拥有小块土地的自耕农。

此外，明朝政府还大力推行屯田。屯田包括了民屯、军屯和商屯。民屯主要是迁徙无业的农民和降民、罪徒，从地狭人稠的地区前往地广人稀的地区去垦荒屯种，由政府发给路费，有的还发给耕牛、农具和种子，三年不征赋税。如洪武三年（1370年），迁徙苏州、松江、嘉兴、湖州、杭州的无业农民四千多人到凤阳屯垦，又迁徙沙漠遗民三万二千余户到北平屯种，还迁徙山西泽州（今山西晋城县）、潞州（今山西长治）民到河北。整个洪武时代，屯垦的移民总数估计达到几十万户，他们后来大多也变成了小自耕农。

军屯由卫所军队管理。明军士屯守比例是：边地军队三分守城，七分屯田；

内地军队二分守城，八分屯田。每个军士由政府拨给五十亩土地，并提供种子、耕牛和农具，屯田的头几年不必纳税，后来每亩地交税一斗，其余的收获物留本卫所作为军粮。明朝初年全国有一百多万军队的军粮，大部分出自军屯的收入，朱元璋曾自夸说："我养兵百万，不费百姓一粒米。"

商屯是军屯的一种补充。开始，明朝政府实行"中盐法"，令商人运粮到边境的卫所，然后发给价值相等的盐引，商人再持盐引到产盐区领取食盐，运到指定地区销售。后来，商人干脆在边塞地区招募农民垦荒，就地缴粮，以减省运费，这便出现了商屯。军屯和商屯的发展，使边境大量的荒地得到了开发，促进了边疆地区的经济发展。

为了恢复和发展生产，朱元璋十分重视兴修水利和赈济灾荒。在即位之初，朱元璋就下令：凡是百姓提出有关水利的建议，地方官吏须及时奏报，否则加以处罚。后来，又特地指示工部大臣："凡是陂、塘、湖、堰可以蓄水泄水、防备旱涝的，都需根据地势加以修治。"明洪武年间，兴修了许多大规模的灌溉工程，有的工程投入人工达数万，可灌溉田地万顷至数万顷。如洪武六年（1373年）疏浚开封府自小木到陈州沙河口18闸，投入人工达到25万，两年后疏浚泾阳洪渠堰，可灌溉泾阳、三原、醴泉、高陵、临潼一带田地200余里。洪武二十四年（1391年）治理定海、东湖，可灌田数万顷；次年开凿溧阳银墅东坝河道4300多丈，从嘉兴等州调集民工多达359700人。更重要的是督促各地的官员组织劳力，利用农闲时期，大力修建中小型水利工程。例如洪武二十七年（1394年）派遣国子监生分赴全国各地，督促吏民兴修水利。到洪武二十八年（1395年），全国共开塘堰大约40987处，疏通河流大约4162道，陂渠堤岸5048处，成绩卓然。朱元璋在位不过31年，就修建了这么多的水利工程，这在中国历史上并不多见。另外，朱元璋还很注意对水利工程的保护。明朝的法律规定，对盗决河防陂塘者都要处以重刑，负责水利的官员不修河防或者修治不及时的，也要处刑。

为了调动广大农民的积极性，朱元璋还采取措施提高农民的社会地位。元朝的农民对地主存在强烈的人身依附关系，法

律规定佃户见地主要行仆人对主人之礼，地主打死佃户只需杖一百七十下的刑罚，再交纳烧埋银五十两，便可了事。明政府规定，佃户见地主行小辈对长辈之礼，并取消了元朝法律中关于地主打死佃户只需杖一百七十下、征烧埋银五十两的规定。农民对地主的依附关系，有了一定的松弛。元代蓄奴的风气很盛行，权贵勋戚都拥有大量的奴婢、驱丁，有的多达数千名。在元末农民战争的风暴中，不少奴隶摆脱了主人的束缚，赢得了自由，但也有一些农民因为饥荒又沦为奴隶。朱元璋下令，凡是在战乱中被迫为奴的，主人必须立即释放，恢复他们的自由民身份。并下令由政府出钱，赎还因饥荒而典卖的男女。明洪武十九年（1386 年），仅河南布政使司即赎还了开封等府典卖为奴的男女二百七十四人。明朝法律还规定：功臣之家蓄养的奴婢不得超过二十人；庶民之家不得养奴，否则要受到杖一百下的刑罚，并将奴婢放还为民；凡收留人家迷失的子女、在逃的子女卖作奴婢，或冒认自由民为奴婢的，都要处以重刑。

在改善农民地位的同时，朱元璋又设法减轻农民的负担。因为朱元璋出身农民，深知灾荒给农民带来的痛苦，在他即位后，常常减免受灾和受战争影响的地区农民的赋税，或给以救济。通过元末农民战争，朱元璋深深地认识到对百姓如果榨取过甚，就会激起强烈的反抗。朱元璋即位后，他反复强调，要把赋税徭役的征派控制在一定的限度之内，"取之有制，用之有节"，不可只顾眼前的利益，竭泽而渔，把老百姓榨得一干二净。明初制定的服役法，规定民田一般亩征税粮五升三合五勺，按当时亩产最低一石而言，为三十税一。徭役一般是有田一顷出丁夫一人，每岁在农闲时赴京师服役三十日，比元末也减轻许多。由于经过长期的战乱，元代的户口和土地簿籍已经大部分丧失，保存下来的也同实际不相符合。地主便乘机隐瞒丁口和田产，逃漏徭役和赋税，把负担转嫁到农民身上。官吏也上下其手，乘机舞弊贪污，额外地加重农民的负担。

朱元璋下令在全国普遍清查户口，丈量土地，于洪武十四年（1381年）和洪武二十年（1387年）编制赋役黄册和鱼鳞图册，作为征派赋役的依据。黄册编定后，又对徭役作了一番整顿。这就在一定程度上限制了豪强地主隐瞒丁口田产、逃避赋役的状况，使负担相对平均，从而减轻了农民的负担。

朱元璋还十分爱惜民力，他深知农民的辛劳，因此提倡节俭。他说："士农工商四业之民，算农民最为辛苦。他们终年勤苦劳作，难得休息。遇到丰收年头，还可以吃饱，碰上水旱灾害，则全家挨饿。我穿件衣服吃顿饭，总要想到种地织布的艰难劳累。"因此，他比较体恤民情，注意勤俭节约，力戒奢侈，惜用民力，以便减轻百姓的负担。有个内侍穿着新靴在雨中走路，朱元璋把他训斥了一顿。另一个散骑舍人穿着一件极其华丽的新衣，朱元璋问他："这衣裳花费多少钱？"他回答说："五百贯。"朱元璋就说："五百贯，这是一个数口之家的农民一年的生活费，你却用来做了一件衣裳，如此骄奢，实在是太糟蹋东西了。"他不仅要求别人节俭，对自己也是如此。他说："所谓俭约，非身先之，何以率下？"洪武八年（1375年）改建大内宫殿，他指示左右大臣："我现在只要求把宫殿建得坚固耐用，不追求奇巧华丽，凡是雕饰奇巧，一概不用。只有朴素坚壮，才可传之永久，使我的子孙后代世守为法。至于台榭苑囿之作，劳民费财，以事游观之乐，这是我所不为的。"还让人在墙上画了许多历史故事，以提醒自己。按惯例，朱元璋使用的车舆、器具等物，应该用黄金装饰，朱元璋下令全部以铜代替。主管的官员报告说用不了很多黄金，朱元璋却说，他不是吝惜这点黄金，而是提倡节俭，自己应作为典范。他祭祀郊庙，拜褥的褥心用红布做成；乾清宫睡觉的御床，金龙画得很淡，若有若无，与中产人家的卧榻没有多大的区别；每日早膳，只用蔬菜就餐。在他的影响下，后妃也都注意节约，穿的都是洗过几次的旧衣裳，从不过分梳妆打扮，唯恐剥伤民财。朱元璋还严格控制大规模的营建工程，地方上修建大型工程，一律要报请批准，才许动工。凡是不急需的工程，都要尽量缓建。一般工程，尽可能安排在农闲的时候进行，以免耽

误农时。他还根据各地的具体情况，多次下令减免赋役，遇到灾情，则赈济钞、布、粮食，帮助农民渡过灾荒。这些措施，也在一定程度上减轻了农民的负担。

　　除了农业，朱元璋对手工业和商业的发展也颇为重视。朱元璋在抓农业生产的同时，特别注意抓经济作物的种植。明朝建立前，他在江南占领区就下令：凡农民有田五亩到十亩的，栽种桑、麻、棉花各半亩，十亩以上加倍，田多的按比例递加。明朝建立后又把这个命令推广到全国各地。后来，朱元璋还让户部命令全国百姓多种桑、枣、柿和棉花，每户初年种桑、枣二百株，次年四百株，三年六百株，违令的全家充军。多种棉花的免税。为了鼓励农民尽量多种，洪武二十八年（1395年）还下令：洪武二十六年以后栽种的桑、枣、果树，不论多少，都免除赋税。经济作物的发展，特别是棉花的普遍种植，既为手工业生产提供了原材料，又促进了商业的繁荣。朱元璋还改革了元代工匠常年服役的制度。洪武十九年（1386年）规定，工匠每三年赴京师服役一次，每次三个月。洪武二十六年（1393年）又制定了更加详细的工匠服役法，将工匠按照工种不同和赴京师服役的路程的远近重新编订班次，分为五年、四年、三年、两年和一年一班制，每班服役三个月，这种工匠称为轮班匠。另外一些固定在京城或各地官府做工的工匠，称为坐匠，每月服役十天。工匠在服役的时间之外，可以自由营业。在商税方面，朱元璋也作了整顿，规定三十税一，书籍农具免税，并裁撤税课司局三百六十四处。

　　在朱元璋"休养生息"政策的积极推动下，农民生产热情高涨。明初农业发展迅速，使得元末濒临绝境的社会经济慢慢复苏和发展起来，农业的发展尤其突出，农村的残破景象得以改观。全国的垦田面积大量增加，到洪武二十四年（1391年）达到3874746顷，比洪武元年（1368年）扩大了一倍多。政府的粮税收入也随着增加了，洪武二十六年（1393年）达到32789800石，比元朝一年的粮税收入增加了近两倍。随着农业的发展，手工业和商业也日趋发达。人

中国古代开国皇帝

口数也迅速上升，根据洪武二十六年（1393 年）的统计，全国共有 10652870 户，60545812 人，比元朝极盛时期的元世祖时代增加了 195 万户，700 万人。在洪武年间经济发展的基础上，社会生产在以后的永乐、洪熙、宣德三朝继续上升，从而形成了一个"明初盛世"的局面。

（七）紧抓教育

朱元璋在创立明王朝的过程中认识到，元朝之所以灭亡，除了统治者本身的素质以外，整个社会失于教化也是一个原因。因此，一登上皇位，他就采取了一系列强制措施，兴建学校，选拔学官，并坚持把"教育工作"作为衡量地方官政绩的重要指标。

洪武九年（1376 年）六月，山东日照县知县马亮任职期满，入京觐见皇帝，州里给他下的评语是"无课农兴学之绩而长于督运"。针对这个鉴定，朱元璋的批示是：农桑乃衣食之本，学校是风化之源，这个县令放着分内的事不做却长于督运，这是他的职责吗？结果，那位马县令不但没有晋升反而被"黜降"了。

除了政府官员要大力抓教育以外，朱元璋还要求直接担任教育工作的各级"教师"必须负起责任。洪武十五年四月，朱元璋任命吴颙为国子监祭酒。"国立大学"的生源一部分是公侯、功臣子弟，一部分是从全国范围内选拔出来的有才华的人，因此，对这些人的管理有很大的难度。朱元璋对吴颙说，要搞好教育必须师道严而后模范正，师道不立则教化不行，天下学校就无从效仿。意思就是要大胆管理、严格教育。然而吴老先生却没有按照皇帝的旨意办事，不到一年，因为治纪不严，放纵不爱学习的武臣子弟，朱元璋就把他罢免了。

朱元璋认为，教育不仅是以文辞为务、记诵为能，从事教育的人要关心时事，关注国计民生。洪武二十五年七月，全国各

和尚皇帝——朱元璋

地到了任职年限的学正、教谕、训导（不同级别的教师）进京考绩，等待升迁。朱元璋借机向他们询问老百姓的生活情况，其中岚州（属山西）学正吴从权、山阴（今绍兴）教谕张恒都说不知道，声称这不是他们的职责，他们的任务只是教书。朱元璋听罢十分生气，举了宋朝儒士胡瑗的例子，并说，圣贤之道是用来济世安民的，你们连民情都不知道，天天教的都是些什么东西呢？结果可想而知，这两个人被流放到边疆去了。

其实，类似的事很久以前就发生过了。洪武十二年三月二十七日，退朝之后，朱元璋召儒臣谈论治国之道，大家畅所欲言，只有国子学官李思迪和马懿沉默不语。朱元璋极不高兴，把他们给贬职了。之后，在下发给国子监的"通报"中说：身为人师，应该"模范其志，竭胸中所有，发世之良能，不隐而训"，李思迪和马懿，出身草野，现在能与皇帝议论国事，皇帝这么虚心请教，他们竟连一句话都不愿说，对皇帝尚且如此，还能指望他们尽心尽力教学生吗？

显然，对待"高级教师"（国子学官），朱元璋的标准更高了，除了关注国计民生，还要具备参政议政的素质。

和尚皇帝——朱元璋

四、身葬孝陵

同任何一个皇帝一样，朱元璋在生前也安排自己的后事。他将自己的陵墓修在了钟山南麓，称为孝陵。明孝陵方圆四十五华里，规模宏伟。1398 年 6 月24 日，71 岁的朱元璋驾崩，葬于孝陵，谥号"圣神文武钦明应运俊德成功统天大孝高皇帝"，庙号"太祖"。明孝陵建于明洪武十四年（1381 年），翌年马皇后去世，葬入此陵。因马皇后谥"孝慈"，故陵名称"孝陵"。洪武三十一年（1398 年），朱元璋病逝，启用地宫与马皇后合葬。

此外，朱元璋还继承了殉葬制度，且只殉葬妃嫔宫女。朱元璋死时生殉四十六名伺寝宫人；成祖殉三十余人，并且曾因权贤妃之死疑案而一次处死宫女两千八百余人；仁宗殉葬七名妃嫔；宣宗殉十人。"节烈从殉"的风气，向下广为延伸至宗室公侯、官宦之家以至民间，至英宗时才废止。杀死从殉妇女的方法是将她们吊死，她们的家属被称为"朝天女户"，可以得到一定的补偿待遇。

五、历史评价

　　明太祖朱元璋是中国历史上少有的由平民取得天下的皇帝。朱元璋削平群雄、统一全国的同时，吸取历史的经验教训，着手稳固新建王朝的统治，制定一系列的政策和制度。以此形成了明初的盛世，也奠定了明朝二百多年的统治基础，这些历史功绩是值得肯定的。他在位期间，在政治、经济、军事、思想等方面大力加强君主专制的中央集权统治，并且达到了空前程度，但他滥用刑罚，屠戮功臣，对当时社会和后世都产生了严重的阻碍作用。但总的来说，朱元璋不愧是中国封建帝王中一个有作为、成就较为突出的人物。

和尚皇帝——朱元璋